Habilidades sociais

Intervenções efetivas em grupo

Habilidades sociais

Intervenções efetivas em grupo

Almir Del Prette
Zilda A. P. Del Prette
(Organizadores)

Pearson

1ª Edição
2011

2ª Edição
2017

Responsabilidade editorial
Ana Carolina Neves

Coordenação editorial
Brunna Pinheiro Cardoso

Assistência editorial
Karoline de Oliveira Cussolim e Elisabete Moura Rocha

Capa
Estúdio Argila

Projeto Gráfico
Fábio Alves Melo

Editoração Eletrônica
Plínio Ricca

Preparação
Tássia Fernanda Alvarenga de Carvalho

Dados Internacionais de Catalogação na Publicação (CIP)
(Câmara Brasileira do Livro, SP, Brasil)

Habilidades sociais : programas efetivas em grupo / Almir Del Prette, Zilda A. P. Del Prette, (organizadores). -- São Paulo : Pearson Clinical Brasil, 2017.

Vários autores.
Bibliografia.
ISBN 978-85-8040-758-7

1. Comportamento humano - Aspectos sociais 2. Comunicação interpessoal 3. Habilidades sociais 4. Interação social 5. Relações interpessoais I. Del Prette, Almir. II. Del Prette, Zilda A. P.

11-07411 CDD-302.14

Índices para catálogo sistemático:
1. Habilidades sociais e relacionamento interpessoal : Psicologia social e clínica 302.14

Impresso no Brasil
Printed in Brazil

As opiniões expressas neste livro, bem como seu conteúdo, são de responsabilidade de seus autores, não necessariamente correspondendo ao ponto de vista da editora.

Casapsi Livraria e Editora Ltda.
Av. Francisco Matarazzo, 1500, cj. 51,
Ed. New York - Barra Funda
CEP 05001-100 - São Paulo/SP
www.pearsonclinical.com.br

Sumário

PARTE II
Programas com evidências de efetividade

Prefácio

Atualmente, verifica-se uma pressão cada vez mais forte em direção à cobrança de eficácia e efetividade dos serviços em geral e, particularmente, das intervenções em saúde. Não só os usuários esperam que tais serviços sejam efetivos, como também os próprios Conselhos Profissionais, representantes das diferentes especialidades, movimentam-se pressionando o governo na fiscalização das instituições de ensino. Este, por sua vez, responde de diferentes maneiras, inclusive buscando controlar possíveis desvios dos planos de saúde.

Também a Psicologia não pode ignorar esses embates no interior da sociedade organizada e, muito menos, negligenciar os direitos daqueles a quem ela destina o conhecimento que produz. As intervenções em Psicologia devem basear-se em evidências de que os resultados sejam decorrentes dos procedimentos e das estratégias adotados, produzindo impacto duradouro na vida das pessoas, em termos de maior satisfação, adaptação social, resolução de dificuldades de vários tipos e uma vida social mais plena e feliz. Além disso, essas práticas precisam ser viáveis no cotidiano dos serviços de atendimento, de modo a beneficiar um maior número de pessoas.

Essas premissas se aplicam também às intervenções voltadas para o Treinamento de Habilidades Sociais (THS). Este livro aborda tais intervenções na perspectiva de Práticas Psicológicas Baseadas em Evidências (PPBE) de efetividade e está organizado em duas partes. Os capítulos, tanto os que integram a primeira parte quanto os da segunda, podem ser lidos de maneira independente; a sequência em que aparecem, contudo, obedece a uma lógica de organização teórica e contextualizada.

A primeira parte foca as bases conceituais dos programas de Treinamento de Habilidades Sociais (THS), os diferentes modelos de aplicação, as questões subjacentes à efetividade e os desafios de sua disseminação à comunidade. Nesse sentido, o capítulo 1 contextualiza a história desse campo teórico-prático, os aportes teóricos para os programas, os modelos de aplicação (pedagógicos e terapêuticos) e sua difusão, inclusive na América do Sul e no Brasil. No capítulo 2, é relatado o movimento iniciado pela Associação Americana de Psicologia (APA) em direção às práticas psicológicas baseadas em evidências e os critérios que orientam essa qualificação para intervenções psicológicas específicas. Busca, ainda, situar o desenvolvimento dos programas de THS no âmbito desse movimento, que recentemente começou a ocorrer também em nosso país e deverá causar impacto positivo na Psicologia. Já o capítulo 3 trata da questão da difusão do conhecimento produzido pela Psicologia em geral e, em particular, da difusão dos programas de THS no contexto brasileiro, em termos de possibilidades e desafios aos pesquisadores desse campo, à sociedade e ao poder público.

Na segunda parte do livro, são descritos, de forma razoavelmente detalhada, os objetivos, a estrutura, os procedimentos e as estratégias adotados em seis programas de THS desenvolvidos em formatos grupal e vivencial. Todos os programas foram conduzidos por terapeutas especializados em Habilidades Sociais, inseridos em programas de pós-graduação nessa área. As intervenções foram testadas com delineamentos rigorosos (quase experimental e experimental), em contexto aplicado e, portanto, com evidências de eficácia e efetividade. Os programas foram conduzidos de maneira independente, mas apresentam características em comum, como o formato grupal, o uso do método vivencial e uma estrutura geral de sessões com objetivos gradualmente e cumulativos em termos de complexidade. Também apresentam características particularizadas em função do tipo de clientela, dos resultados das avaliações em que se baseiam (déficits, comportamentos concorrentes e recursos) e das condições gerais de atendimento.

Considerando as diferentes clientelas a que se destinaram e os diferentes problemas associados, os programas foram ordenados conforme segue: desenvolvimento da empatia em um grupo de profissionais de enfermagem, portanto, população não clínica (capítulo 4); intervenção com crianças na escola, usando recursos multimídia (capítulo 5); comparação entre dois tipos de treinamento com universitários, com e sem uso de vivências (capítulo 6); desenvolvimento de habilidades sociais profissionais para pessoas com deficiência física desempregadas (capítulo 7); promoção de habilidades sociais assertivas junto a idosos (capítulo 8) e de habilidades sociais educativas com mães de crianças com déficits de atenção e hiperatividade (capítulo 9).

Este livro é direcionado a psicólogos e a estudantes de Psicologia e, também, a todos os profissionais das áreas de saúde e educação. Trata-se, portanto, de um manual para a condução de programas de promoção de habilidades sociais, com aplicações à clínica, à educação, ao trabalho e à comunidade. A ideia deste manual de divulgação justifica-se pelo fato de que os programas terapêuticos, com eficácia testada em ambientes aplicados, deveriam constituir a opção preferencial para a prática profissional em situações similares. Contudo, algumas considerações precisam ser feitas sobre esse processo de difusão de conhecimento. Como bem colocou Cyril Franks, no prólogo do livro de Kelly (citado no capítulo 1): "O Treinamento de Habilidades Sociais não pode ser entendido como uma aplicação mecânica de uma série de técnicas isoladas". Isso significa que a replicação de um desses programas é uma decisão do profissional e deve ser tomada tendo em vista alguns fatores, tais como: as características da população, os problemas (queixas) e, sobretudo, os tipos de déficits, de comportamentos concorrentes e de recursos pessoais dos participantes. Defende-se que os manuais e os protocolos de intervenção sejam utilizados de forma flexível e adaptável às condições dos participantes.

Esperamos que esta obra constitua uma ponte entre o ambiente acadêmico e a sociedade, bem como entre a pesquisa, a aplicação e a difusão do conhecimento. A propósito, agradecemos a todos os pesquisadores participantes o esforço realizado ao relatarem parte de suas pesquisas de forma sucinta e agradável à leitura. Agradecimentos extensivos a Sheila Murta, por ter assumido de maneira competente a responsabilidade pelo capítulo sobre difusão de conhecimento, e também às colegas Talita P. Dias e Fabiane F. Silveira, pela leitura e pelas sugestões referentes ao primeiro capítulo. E não podemos deixar de mencionar que este trabalho faz parte de nossos compromissos com o Conselho Nacional de Desenvolvimento Científico e Tecnológico (CNPq) e de orientandos bolsistas da Fundação de Apoio à Pesquisa do Estado de São Paulo (FAPESP).

Almir Del Prette

Zilda A. P. Del Prette

Sobre os autores

Almir Del Prette (Organizador)

Psicólogo, doutor em Psicologia Experimental pela Universidade de São Paulo (USP), professor titular e orientador nos Programas de Pós-Graduação em Psicologia (PPGPsi) e Educação Especial (PPGEEs) da Universidade Federal de São Carlos (UFSCar). Pesquisador bolsista do Conselho Nacional de Pesquisa (CNPq). Coordenador do Grupo de Pesquisa em Relações Interpessoais e Habilidades Sociais (RIHS/UFSCar) e do Grupo de Trabalho Relações Interpessoais e Competência Social da Associação Nacional de Pesquisa e Pós-Graduação em Psicologia (ANPEPP).

Zilda A. P. Del Prette (Organizadora)

Psicóloga, especialista em Psicologia Educacional e Psicologia Clínica, doutora em Psicologia Experimental pela Universidade de São Paulo (USP), com pós-doutorado em Habilidades Sociais pela Universidade da Califórnia, Riverside, Estados Unidos. Professora titular e orientadora nos Programas de Pós-Graduação em Psicologia (PPGPsi) e Educação Especial (PPGEEs) da Universidade Federal de São Carlos (UFSCar). Pesquisadora bolsista do Conselho Nacional de Pesquisa (CNPq). Coordenadora do Grupo de Pesquisa em Relações Interpessoais e Habilidades Sociais (RIHS/UFSCar) e do Grupo de Trabalho Relações Interpessoais e Competência Social da Associação Nacional de Pesquisa e Pós-Graduação em Psicologia (ANPEPP).

Ana Carolina Braz

Psicóloga, mestre em Psicologia e doutoranda em Psicologia pela Universidade Federal de São Carlos (UFSCar). Membro do Grupo de Pesquisa em Relações Interpessoais e Habilidades Sociais (RIHS/UFSCar) e do Grupo de Trabalho Relações Interpessoais e Competência Social da Associação Nacional de Pesquisa e Pós-Graduação em Psicologia (ANPEPP).

Camila de Sousa Pereira-Guizzo

Psicóloga, especialista em Gestão Organizacional de Recursos Humanos, mestre e doutora em Educação Especial pela Universidade Federal de São Carlos (UFSCar). Professora da Faculdade de Tecnologia Centro Integrado de Manufatura e Tecnologia (CIMATEC), do Serviço Nacional de Aprendizagem Industrial (SENAI), Bahia. Membro do Grupo de Pesquisa em Relações Interpessoais e Habilidades Sociais (RIHS/UFSCar) e do Grupo de Trabalho Relações Interpessoais e Competência Social da Associação Nacional de Pesquisa e Pós-Graduação em Psicologia (ANPEPP).

Célia Caldeira F. Kestenberg

Psicóloga clínica com formação em Gestalt-Terapia e especialista em Psicologia Médica e doutora em Psicologia Social pela Universidade do Estado do Rio de Janeiro (UERJ). Professora adjunta da Faculdade de Enfermagem da UERJ. Membro do **Grupo** de Ensino**, Pesquisa**, Assistência e Cuidado Humano em Saúde (GEPACHS). Membro do Grupo de Trabalho Relações

Interpessoais e Competência Social da Associação Nacional de Pesquisa e Pós-Graduação em Psicologia (ANPEPP).

Daniele Carolina Lopes

Psicóloga, mestre em Educação Especial e doutoranda em Psicologia pela Universidade Federal de São Carlos (UFSCar). Membro do Grupo de Pesquisa em Relações Interpessoais e Habilidades Sociais (RIHS/UFSCar) e do Grupo de Trabalho Relações Interpessoais e Competência Social da Associação Nacional de Pesquisa e Pós-Graduação em Psicologia (ANPEPP).

Eliane Mary de Oliveira Falcone

Psicóloga, doutora em Psicologia Clínica. Professora adjunta do Instituto de Psicologia da Universidade do Estado do Rio de Janeiro (UERJ) e docente do Programa de Pós-Graduação em Psicologia Social da UERJ. Supervisora do Serviço de Psicologia Aplicada da UERJ. Especialista em Terapia Cognitiva pelo Beck Institute. Ex-presidente da Sociedade Brasileira de Terapias Cognitivas (2003-2005). Membro do Grupo de Trabalho Relações Interpessoais e Competência Social da Associação Nacional de Pesquisa e Pós-Graduação em Psicologia (ANPEPP).

Fabián Orlando Olaz

Doutor em Psicologia pela Universidade Nacional de Córdoba. Professor assistente de Metodologia de Pesquisa Psicológica na Universidade Nacional de Córdoba, atuante na área de relações interpessoais sob o Modelo Social Cognitivo. Coordenador do

Laboratório de Comportamento Interpessoal (LACI) da Faculdade de Psicologia da Universidade Nacional de Córdoba, núcleo do Grupo de Pesquisa em Relações Sociais e Habilidades Interpessoais da Universidade Federal de São Carlos (RIHS/UFSCar).

Gabriela Alicia Cabanillas

Licenciada em Psicologia pela Universidade Nacional de Córdoba. Membro do Laboratório de Comportamento Interpessoal (LACI) da Faculdade de Psicologia da Universidade Nacional de Córdoba, núcleo do Grupo de Pesquisa em Relações Sociais e Habilidades Interpessoais (RIHS) da Universidade Federal de São Carlos.

Leonardo Adrian Medrano

Licenciado em Psicologia pela Universidade Nacional de Córdoba. Professor assistente no departamento de Psicologia Descritiva e Inferencial. Doutorando pela Universidade Nacional de Córdoba e bolsista do Conselho Nacional de Investigações Científicas e Tecnológicas (CONICET).

Margarette Matesco Rocha

Psicóloga, mestre em Educação, doutora em Educação Especial. Professora adjunta da Universidade Estadual (UEL) de Londrina, Paraná, vinculada ao Programa de Pós-Graduação em Análise do Comportamento da UEL. Coordenadora do núcleo Relações Interpessoais e Habilidades Sociais da UEL (RIHS/UEL), vinculado ao Grupo de Pesquisa em Relações Interpessoais e Habilidades Sociais da Universidade Federal de São Carlos (RIHS/UFSCar). Membro do Grupo de Trabalho Relações Interpessoais e Competência Social da Associação Nacional de Pesquisa e Pós-Graduação em Psicologia (ANPEPP).

Sheila Giardini Murta

Psicóloga, mestre e doutora em Psicologia pela Universidade de Brasília (UnB), com pós-doutorado em Habilidades Sociais (UFSCar). Professora adjunta do Instituto de Psicologia da Universidade de Brasília (UnB). Orientadora no Programa de Pós-Graduação em Psicologia Clínica e Cultura da UnB. Bolsista de produtividade em pesquisa do CNPq. Coordenadora do Relações Interpessoais e Habilidades Sociais da UnB (RIHS/UnB), um núcleo do Grupo de Habilidades Interpessoais Relações Sociais da Universidade Federal de São Carlos. Membro do Grupo de Trabalho Relações Interpessoais e Competência Social da Associação Nacional de Pesquisa e Pós-Graduação em Psicologia (ANPEPP).

PARTE I

Base conceitual, modelos, efetividade e disseminação

1

Enfoques e modelos do treinamento de habilidades sociais

Almir Del Prette
Zilda A. P. Del Prette

A aprendizagem de habilidades sociais e o aperfeiçoamento da competência social constituem processos que ocorrem "naturalmente", por meio das interações sociais cotidianas ao longo da vida. Na infância e na adolescência, as práticas educativas da família e da escola, juntamente com a experiência de convivência com os colegas, são as principais condições para a aquisição e o aperfeiçoamento das habilidades sociais e da competência social. Porém, quando essas práticas são desfavoráveis, podem surgir déficits de habilidades sociais e problemas de competência social que impactam negativamente nas relações interpessoais e, portanto, na qualidade de vida das pessoas.

A superação de déficits de habilidades sociais e de problemas de competência social requer, em geral, serviços especializados no campo da Terapia ou da Educação. Esses serviços envolvem alternativas de intervenção, em termos de procedimentos, técnicas e programas, cuja eficácia é geralmente aferida por meio de pesquisa de intervenção, sob delineamento experimental ou quase experimental.

No campo das habilidades sociais, os avanços no desenvolvimento de procedimentos e estratégias permitiram estruturar programas de Treinamento de Habilidades Sociais (THS).

Programa de THS é "um conjunto de atividades planejadas que estruturam processos de aprendizagem, mediados e conduzidos por um terapeuta ou coordenador, visando a: (a) ampliar a frequência e/ou melhorar a proficiência de habilidades sociais já aprendidas, mas deficitárias; (b) ensinar habilidades sociais novas significativas; (c) diminuir ou extinguir comportamentos concorrentes com tais habilidades" (Del Prette & Del Prette, 2010, p. 128).

Esses programas se baseiam em dois constructos-chave, definidos em outros estudos (Del Prette & Del Prette, 1999; 2001; 2005; 2010), permitindo afirmar que:

- as **habilidades sociais** são classes de comportamentos sociais que somente podem ser classificadas como tais na medida em que contribuem para a competência social;
- a **competência social** é um atributo avaliativo de um comportamento ou episódio de comportamentos bem-sucedidos no ambiente social, conforme critérios de funcionalidade que incluem (Del Prette & Del Prette, 2001):
    - consecução do objetivo, em termos de consequências específicas obtidas na interação social;
    - manutenção ou melhora da autoestima dos envolvidos;
    - manutenção ou melhora da qualidade da relação;
    - maior equilíbrio de ganhos e perdas entre os participantes da interação;
    - respeito e ampliação dos direitos humanos básicos.

Ainda que todos esses critérios não sejam igualmente atendidos em uma mesma interação social, pode-se afirmar que, quanto mais deles são atendidos, maior competência social pode ser atribuída ao indivíduo em uma tarefa social. Tomados em conjunto, os critérios de competência social articulam **duas dimensões de funcionalidade**, que estão relacionadas, respectivamente, com as consequências imediatas e com as atrasadas do episódio interativo, e também com consequências para o indivíduo e para o seu interlocutor ou o grupo social (Z. Del Prette & Del Prette, 2010, p. 107):

- **Dimensão instrumental:** refere-se aos critérios que remetem a consequências imediatas e individuais, com correlatos emocionais positivos (por exemplo, satisfação com os resultados obtidos e autovalorização) que também contribuem para a aquisição e manutenção das habilidades sociais.
- **Dimensão ético-moral:** refere-se às consequências positivas de médio e longo prazo e que contemplam também o outro ou o grupo (não apenas o indivíduo), tais como a manutenção ou melhora da qualidade da relação, a reciprocidade positiva, o equilíbrio nas trocas entre as pessoas em interação, caracterizando relações do tipo "ganha-ganha" em geral, pautadas pelo respeito aos direitos humanos interpessoais (A. Del Prette & Del Prette, 2001; Z. Del Prette & Del Prette, 2005).

Defende-se que os critérios instrumentais e éticos precisam ser simultaneamente contemplados nos programas de THS, como forma de harmonizar interesses individuais e coletivos nas interações sociais, considerando a necessidade do outro e a interdependência como fatores de convivência saudável e produtiva em longo prazo. Em última instância, torna-se importante assumir "as implicações e a contribuição potencial dos programas de habilidades sociais no planejamento de **práticas culturais comprometidas com a sobrevivência e com a qualidade de vida** na complexa sociedade contemporânea" (Z. Del Prette & Del Prette, 2010, p. 106). Posição semelhante é defendida por Bolsoni-Silva e Carrara (2010), ao discutirem a dimensão ético-moral das habilidades sociais e, portanto, de programas voltados para a sua promoção.

Considerando esses conceitos norteadores na promoção de habilidades sociais, este capítulo apresenta os principais **enfoques** e **modelos** de programas de THS utilizados na América do Norte (Estados Unidos e Canadá) e na Inglaterra, suas características comuns e a clientela a que se destinavam. Inicia-se com a contextualização do campo das habilidades sociais, com ênfase na produção de Argyle e colaboradores, rememorando alguns dos principais conceitos e estudos da época, os quais orientaram teoricamente as intervenções principalmente junto a pacientes esquizofrênicos, até a expansão dos programas para outros problemas interpessoais. Finaliza-se com algumas considerações sobre a utilização do THS na América do Sul e, especificamente, no Brasil.

Origem do campo e contribuições iniciais de Argyle

Ainda que o campo das habilidades sociais se tenha originado na Inglaterra e se desenvolvido de maneira independente da assertividade, originária nos Estados Unidos, ambos foram substantivados pelo termo "treinamento", empregado então para se referir à parte prática ou ao conjunto de técnicas de promoção de habilidades sociais. Surgidos em lugares distantes um do outro, esses campos são contemporâneos, o que sugere um *zeitgeist*[1], nos dois lados do Atlântico, a impulsionar uma resposta à emergência ou à maior ênfase no *socius*, que ocorreu em várias disciplinas e pesquisas em Psicologia. Conforme sumarizam O'Donohue e Krasner (1995), essa ênfase pode ser percebida, por exemplo, na discussão de "um social mais social" na Psicologia Social, na noção de inteligência social de Thorndike, na perspectiva interpessoal na área do desenvolvimento e nos estudos de processos grupais voltados para o relacionamento interpessoal.

Não obstante algumas semelhanças, há muitas **diferenças** entre os movimentos da **Assertividade** e das **Habilidades Sociais**. Sobre tais **diferenças**, podem-se destacar:

- maior diversidade de matrizes teóricas presentes no campo das habilidades sociais do que no da assertividade;
- maior variedade de classes de comportamento social no campo das habilidades sociais;
- um maior espectro de tipos de dificuldades interpessoais associadas a déficits de habilidades sociais do que à assertividade (que é apenas contraposta à agressividade e à passividade enquanto classes amplas de desempenhos interpessoais).

---

[1] O termo é geralmente traduzido como "espírito do tempo" (**zeit**, tempo; **geist**, espírito, fantasma, ânima).

A análise desses dois movimentos[2], conduzida por Hargie, Saunders e Dickson (1994), permite inferir que, muito antes de se obter algum consenso sobre os principais comportamentos sociais contemplados pelo conceito de assertividade, o campo das habilidades sociais já havia incorporado classes nitidamente associadas à noção corrente de assertividade. Isso parece justificar a inclusão da assertividade como uma das subclasses de habilidades sociais (Del Prette & Del Prette, 1999).

Foi Argyle (1976, 1984, 1994), na Inglaterra, em meados do século passado, quem cunhou a expressão Treinamento de Habilidades Sociais (THS), para designar a aplicação dos conhecimentos reunidos no que ele designou como "**modelo das habilidades sociais**". Argyle entendia as habilidades sociais como o mecanismo de interação entre as pessoas, situando-as no campo da comunicação. A **comunicação interpessoal**, conforme Hargie, Saunders e Dickson (1994), é concebida como um processo estruturalmente organizado em torno de componentes, que incluem: os indivíduos em interação, a mensagem, o canal (verbal e não verbal), o meio (situação), o *feedback* etc.

Para elaborar o modelo das habilidades sociais em uma dimensão psicológica, Argyle incorporou conceitos de diferentes matrizes teóricas da Psicologia, como a teoria de papéis, a abordagem operante, a abordagem de processamento cognitivo (especialmente teorias da percepção social) e a teoria da aprendizagem social. Em sua visão, tais teorias iriam contribuir na explicação das interações sociais e do relacionamento social de amizade, amor, cooperação, e de fenômenos como dominância

[2] Existem vários estudos sobre assertividade em nosso país, entre eles Del Prette e Del Prette (2003) e Falcone (2000).

(liderança), necessidade social, instinto gregário etc. Adicionalmente, conforme Argyle, essas teorias deveriam fornecer ao THS técnicas e recursos destinados:

- à compreensão do desempenho social em termos dos diferentes estilos ou padrões de comportamentos sociais relacionados a fatores como introversão-extroversão e submissão-dominação;
- à promoção do repertório de habilidades sociais;
- à redução de comportamentos antissociais;
- ao ajustamento do indivíduo aos padrões da cultura.

Nesse modelo teórico, Argyle (1975, 1976b, 1979) reservou um papel importante para o comportamento não verbal e o paralinguístico, explicitando suas possíveis relações na interação social. Entre as várias pesquisas de Argyle e de seus colaboradores (Argyle & Trower, 1979; Argyle, Bryant, & Trower, 1974; Argyle, Furnham, & Graham, 1981), algumas mostraram que indivíduos extrovertidos mantinham maior frequência e duração de contato visual, enquanto os introvertidos apresentavam contato visual pobre ou deficitário.

Ainda que se ancorasse na contribuição de conhecimentos provenientes de várias áreas da Psicologia, é um engano supor que Argyle apenas reunia conceitos "das várias psicologias", para a elaboração do "modelo das habilidades sociais". Longe disso, Argyle foi um teórico capaz de organizar e sistematizar conhecimentos em um corpo lógico, definindo termos e hierarquizando conceitos de forma coerente, e também desenvolvendo teorias, por exemplo, sobre o comportamento social (Argyle, 1976b). Além da comunicação não verbal e das habilidades sociais, Argyle manteve interesse por vários temas, como o ajustamento do indivíduo no trabalho e a psicologia da religião, da classe social, do dinheiro, da felicidade, entre outros. Muitos de seus estudos contribuíram para o avanço da Psicologia em vários campos, como, por exemplo, o tema da felicidade, que faz parte atualmente do escopo da Psicologia Positiva (Peterson, 2006). Adicionalmente, cabe lembrar que seu livro "Psicologia do comportamento interpessoal" (Argyle, 1994) é considerado uma obra fundamental para a compreensão da constituição inicial do campo das habilidades sociais, tendo se tornado um *best-seller*, com tradução para vários idiomas.

Enfoques conceituais no Treinamento de Habilidades Sociais

Das primeiras teorizações de Argyle e colaboradores (Argyle, Furnham, & Graham, 1981; Argyle, Bryant, & Trower, 1974; Argyle & Henderson, 1993) até o momento atual, houve um longo caminho, com a contribuição de várias teorias sobre aprendizagem e desenvolvimento, resultando em novos esquemas e definições, associados ao reconhecimento de determinantes do comportamento social (ou da personalidade, conforme abordagens cognitivas). Concomitantemente, o desenvolvimento da terapia comportamental, nos Estados Unidos (incorporando o treinamento assertivo e o treinamento de habilidades sociais), bem como a emergência e a consolidação de outras abordagens conceituais e microteorias psicológicas, também repercutiu na formação do campo das habilidades sociais, enquanto fenômeno que pode ser analisado sob diferentes perspectivas.

A diversidade de abordagens conceituais no campo das habilidades sociais vem mapeando uma gama de possíveis fatores determinantes da aprendizagem e do desempenho dessas habilidades e, portanto, de explicações alternativas ou complementares para os déficits, as dificuldades e os comportamentos concorrentes ao desempenho socialmente competente. Nesse cenário, dentre os principais **fatores explicativos de dificuldades interpessoais** têm sido amplamente reconhecidos:

- déficits de habilidades sociais específicas;
- ansiedade condicionada a situações sociais, que, em geral, leva à fuga ou à esquiva de interações sociais;
- comportamentos concorrentes abertos (antissociais, isolamento etc.) e encobertos (distorções cognitivas, com valores, crenças, padrões de pensamentos pouco adaptativos).

Pode-se dizer que as explicações para as dificuldades ou os problemas de relacionamento interpessoal decorrem das abordagens conceituais adotadas e, por outro lado, estão na base de alternativas de intervenções propostas e estruturadas em termos de programas de THS.

Considerando as influências conceituais sobre o campo das habilidades sociais, pode-se compreender a coexistência de diferentes abordagens teóricas (O'Donohue & Krasner, 1995; Trower, 1982). Atualmente, identificam-se três enfoques teórico-práticos de programas de THS: o **operante**, com ênfase nos princípios da análise do comportamento; o da **aprendizagem social**, com base na modelação e teoria social cognitiva; o **eclético**, agregando elementos cognitivos aos enfoques anteriores. Cada um desses enfoques será brevemente referido a seguir.

Enfoque operante

O enfoque operante é baseado nos pressupostos filosóficos do behaviorismo radical (Skinner, 1974) e nos princípios e nas técnicas derivados da Análise Experimental do Comportamento (Skinner, 1970, 1999). Sob esse enfoque, o comportamento é entendido como produto de três processos superpostos de seleção por contingências – filogenética, ontogenética e cultural (Skinner, 2007) –, o que se aplica também ao comportamento social e às habilidades sociais, conforme análise de Z. Del Prette e Del Prette (2010).

A relação entre análise do comportamento e habilidades sociais configura uma interface histórica de produção e aplicação de conhecimento sobre o comportamento social:

> Os conhecimentos e recursos produzidos de um lado e de outro são de interesse para a prática psicológica em diferentes contextos (por exemplo, terapia, educação, saúde, trabalho etc.). Conforme O'Donohue e Krasner (1995), "a abordagem das habilidades sociais é um dos maiores desenvolvimentos da história do modelo comportamental" (p. 4), com contribuição expressiva para o desenvolvimento da terapia comportamental, podendo ser vista como coadjuvante e mesmo como alternativa à psicoterapia.
>
> Z. Del Prette & Del Prette, 2010, p. 105.

Os programas de THS terapêuticos, utilizados nos Estados Unidos entre as décadas de 1970 e 1980, eram, em grande parte, baseados no enfoque operante. No entanto, as publicações que tratam das habilidades sociais sob essa perspectiva (Maag, 2006; McIntyre, Gresham, DiGennaro, & Reed, 2007) tendem a enfatizar o uso das técnicas e dos procedimentos operantes, sem aprofundar a análise do constructo habilidades sociais e sua articulação com implicações para os pressupostos e fundamentos da Análise do Comportamento.

Diversos estudos em nosso meio (Del Prette & Del Prette, 2009, 2010; Bolsoni-Silva, 2002; Bolsoni-Silva & Carrara, 2010; Carrara, Silva, & Verdu, 2006; Gresham, 2009; Z. Del Prette & Del Prette, 2010; Marquezini-Cunha & Tourinho, 2010) têm analisado o campo das habilidades sociais, ou classes específicas de habilidades, sob a perspectiva da análise do comportamento. Alguns aspectos destacados por esses estudos incluem: a contribuição da perspectiva comportamental para uma compreensão funcional e contextualista das habilidades sociais e da competência social; a importância da avaliação funcional em programas terapêuticos e educativos nessa área; questões para possível aprofundamento dessa interface; e a aplicabilidade dos conhecimentos e recursos do campo das habilidades sociais para a análise comportamental aplicada a diferentes contextos e problemas, incluindo mudanças culturais.

Os programas baseados no enfoque operante comumente apresentam uma estrutura que prevê:

- avaliação ou diagnóstico inicial;
- explicação sobre a racional da intervenção;

- contrato e regras de funcionamento;
- organização e distribuição das sessões no tempo, conforme complexidade dos comportamentos alvos da intervenção;
- avaliações intermediárias, finais e de seguimento (*follow-up*).

O ponto de partida é a **avaliação funcional** (Sturmey, 1996) dos comportamentos sociais "saudáveis" e "problemáticos" e da qualidade das interações e relações que o indivíduo mantém com as demais pessoas, buscando identificar contingências proximais (ambiente imediato) e distais (cultura, metacontingências), passadas e presentes, enquanto seus possíveis determinantes. Essa avaliação permite identificar os determinantes (contingências) que devem ser alterados para se ampliar repertórios adaptativos e reduzir os problemáticos nas interações sociais. Pensamentos, sensações e sentimentos são tratados como comportamentos, ainda que predominantemente encobertos e acessíveis muitas vezes somente por meio de relato verbal. A análise desses eventos é similar à efetuada sobre os demais comportamentos sociais e, por princípio, eventos encobertos não são entendidos como causas, mas como correlatos (Catania, 1999), tanto de comportamentos socialmente competentes como de problemáticos.

Para a intervenção, três técnicas têm papel relevante nesse modelo:

- A **instrução** baseia-se na ideia de que algumas pessoas não se comportam de uma determinada forma porque nunca foram orientadas de forma efetiva para isso e, também, não foram encorajadas a fazê-lo (manipulação antecedente).

- O **ensaio comportamental** foca diretamente o terceiro elemento da tríplice relação de contingências – o comportamento – e permite o uso associado de outras técnicas, como modelagem, modelação, extinção, reforçamento diferencial etc., ou seja, o manejo de seus antecedentes e consequentes do comportamento.
- A **tarefa de casa** pode ser usada tanto para planejar a generalização quanto para verificar a funcionalidade das habilidades recém-aprendidas no contexto da intervenção, promovendo a sensibilidade do participante às contingências de seu ambiente natural.

Essa estrutura se baseia no pressuposto de que respostas sociais desejáveis, mas ainda incipientes, pouco elaboradas, são promovidas no contexto da intervenção, podendo ser mantidas pela comunidade verbal quando esta, seletivamente, provê consequências reforçadoras às mudanças em direção ao comportamento mais elaborado e funcionalmente mais efetivo.

Enfoque da aprendizagem social

Os programas que adotam o enfoque da aprendizagem social se baseiam, principalmente, nas formulações iniciais de Bandura (1977a; Bandura, Ross, & Ross, 1963) sobre **aprendizagem social com base na observação.** Aplicada às habilidades sociais, a teoria prevê que a aquisição e o aperfeiçoamento dos comportamentos sociais seriam explicados por processo vicário, ou seja, observação e reprodução de comportamentos, e que as consequências atuariam como fatores de incentivo ao desempenho, e não como fatores de aprendizagem (Ríos-Saldaña, Del Prette, & Del Prette,

2002). No entanto, nem todos os comportamentos observados são copiados. Segundo Bandura (1977a; 1987; 2008), as pessoas observam e "copiam" o comportamento das demais, sob algumas **condições especiais**, que incluem: a capacidade de atenção e de reprodução do observador, a similaridade entre as características do observador e do modelo (etária, de gênero, etnia etc.), a atratividade e *status* do modelo, etc.

Sob este enfoque, os programas também dão **atenção especial aos componentes não verbais**, como acenos com a cabeça, expressão facial, gestos, tom de voz, algumas vezes provendo treinamento específico para modificação ou aquisição de gestos e expressões adequados. Uma análise dos programas baseados em Bandura (por exemplo, Kelley, 2002; Monti, Kadden, Rohsenow, Cooney, & Abrams, 2005; Dowd & Tierney, 2005) permite constatar que se baseiam na teoria da aprendizagem social, não incorporando outros princípios e conceitos desenvolvidos posteriormente pelo autor e por ele integrados na chamada Teoria Social Cognitiva (Bandura, 1987, 1999, 2008; Olaz, 2009).

A estrutura de um programa sob esse enfoque não é muito diferente do operante. Em linhas gerais, conforme pode ser inferido de vários estudos (Monti, Corriveau, & Curran, 1982; Pérez, 2000), os componentes básicos são os seguintes:

- avaliações periódicas, antes, durante e após a intervenção;
- apresentação geral aos participantes dos resultados da avaliação;
- breve exposição sobre a abordagem teórica que orienta o programa;

- seleção e planejamento das habilidades alvo e temas das sessões de intervenção (por exemplo, "sessão 1: sobre comunicação não verbal");
- seleção e planejamento dos procedimentos (instrução, ensaio comportamental, *feedback*, tarefas de casa etc.).

Cada sessão é **estruturada com base em uma ou mais habilidades** amplas a serem ensinadas, como "habilidades para recusar bebida": os participantes relatam situações de maior dificuldade; o terapeuta seleciona uma situação que contenha componentes mencionados pelo maior número de participantes; o terapeuta orienta a "estruturação" de uma situação, definindo papéis aos participantes; o terapeuta solicita a um dos membros do grupo, com melhor repertório para lidar com a situação, que mostre como seria seu desempenho, e pede que os demais o observem (um dos terapeutas pode também participar como modelo); após o desempenho do modelo e do observador, o terapeuta apresenta *feedback* e solicita que os outros participantes do grupo também deem *feedback* a ambos.

Enfoque eclético

Os diferentes programas de THS referidos na literatura buscam atender, de algum modo, à orientação conceitual predominante do profissional ou do pesquisador aplicado e, portanto, contemplam objetivos, procedimentos e técnicas coerentes com essa orientação. No entanto, possivelmente devido ao desenvolvimento concomitante de várias abordagens conceituais para a compreensão e a intervenção sobre habilidades sociais, os modelos conceitualmente puros, em sua aplicação prática, são raros. A maioria dos programas adota uma estratégia pragmática que articula **técnicas e procedimentos derivados de diferentes abordagens conceituais**, razão por que são aqui denominados de ecléticos.

O enfoque eclético **adiciona aos já referidos os elementos cognitivos** derivados de teorias de processamento cognitivo, percepção social, papéis sociais etc. (Caballo, 1993; Hargie, Saunders & Dickson, 1994), possivelmente refletindo a influência do modelo de habilidades sociais de Argyle (citado anteriormente). Sob uma perspectiva cognitivista, a competência social e os problemas nessa área são vistos como decorrentes de variáveis e processos, tais como crenças, esquemas, metas pessoais, conhecimentos, estratégias, percepções, atribuições e explicações sobre acontecimentos, ideias distorcidas, expectativas, valores subjetivos, autoavaliação não condizente com o desempenho etc. (Caballo, Irurtia, & Salazar, 2009).

A avaliação das variáveis e dos processos cognitivos é realizada por meio de um conjunto de instrumentos e procedimentos, em geral de autoinforme (Caballo, 1993; Lega, Caballo, & Ellis, 1997). Em termos de intervenção, esses programas variam na ênfase à **modelagem**, à **modelação**, à **instrução** e aos **procedimentos cognitivos**. Assim, além do treino de habilidades, os programas incluem módulos complementares para a redução de ansiedade e a modificação de padrões cognitivos identificados como disfuncionais (crenças, visão de mundo, explicações para acontecimentos etc.). Para isso, são usados procedimentos e técnicas diversos, tais como modelação encoberta, autoverbalização positiva e outras derivadas da Terapia Racional Emotiva Comportamental, de Ellis (Caballo, Irurtia, & Salazar, 2009).

Modelos de aplicação dos programas de habilidades sociais

A maioria dos programas baseia-se em uma cuidadosa **avaliação multimodal** (diferentes instrumentos, contextos e informantes) que orienta o planejamento geral de objetivos e a estruturação das sessões. Conforme resumido em A. Del Prette e Del Prette (2005) e Z. Del Prette e Del Prette (2005), os **tipos de déficits** (se de aquisição, de fluência ou de desempenho) são caracterizados também a partir da identificação dos fatores a eles associados (por exemplo, restrição de oportunidades, problemas de comportamento, ausência de *feedback*, falhas de reforçamento, ansiedade interpessoal etc.). A noção de tipologia de déficits é importante para o planejamento do programa, especialmente para a seleção de procedimentos e técnicas apropriados à superação de cada tipo específico de déficit (A. Del Prette & Del Prette, 2005; Z. Del Prette & Del Prette, 2005).

Em termos de contexto de aplicação das intervenções sobre habilidades sociais, Weiner, Fritsch e Rosen (2002) identificaram, no início da década de 1970, uma ruptura no uso exclusivamente **terapêutico** do THS, com o surgimento de um formato **pedagógico** ou de ensino direto, para uso na escola e na comunidade em geral. As principais diferenças entre esses formatos se relacionam à população atendida, ao seu caráter pedagógico ou terapêutico e também a uma maior ênfase em determinados componentes do programa ou do procedimento utilizado, conforme a perspectiva conceitual adotada. Segue-se uma breve referência a esses dois formatos e a seus principais componentes.

Modelo terapêutico

O Treinamento de Habilidades Sociais alcançou maior destaque, na Psicologia da Inglaterra e dos Estados Unidos, a partir da década de 1970, com sua aplicação a **pacientes psiquiátricos hospitalizados e não hospitalizados**, em geral com diagnóstico de esquizofrenia (Brown, 1982; Hersen & Bellack, 1976; Wallace, 1982). Havia, na época, uma pressão de desospitalização, trazendo para o centro da discussão os requisitos necessários para o paciente psiquiátrico viver na comunidade. O atendimento a pacientes com diversos distúrbios, principalmente com diagnóstico de esquizofrenia, visava a promover a **expressividade emocional e a competência social** (Goldsmith & McFall, 1975; Hersen & Bellack, 1976) em habilidades específicas detectadas como deficitárias no repertório desses pacientes.

Segundo Liberman, Nuechterlein e Wallace (1982), nesse período havia muita discussão sobre os **efeitos dos programas**. Enquanto as melhoras obtidas pelos pacientes eram identificadas, questionava-se, sobretudo, a escassez de evidências de generalização das habilidades sociais aprendidas no contexto terapêutico para outros ambientes e da manutenção das aquisições obtidas ao longo do tempo. Outro aspecto bastante estudado se referia a uma série de fatores que dificultavam o sucesso dos programas, entre os quais, por exemplo, família pouco responsiva, déficit cognitivo dos pacientes, visão negativa da comunidade sobre as pessoas em tratamento psiquiátrico. Entretanto, os melhores resultados foram obtidos na Inglaterra (Trower, Bryant & Argyle, 1978), mostrando que pacientes submetidos ao Treinamento de Habilidades Sociais permaneciam um período mais longo de tempo fora do hospital e tinham menos reinternações, quando comparados aos que não participaram desse tipo de intervenção.

Como exemplo de intervenção terapêutica, Hersen, Bellack e Himmelhoch (1982) realizaram um programa para mulheres com depressão unipolar e selecionaram três classes de habilidades relevantes para essa população. A justificativa para a inclusão dessas habilidades, conforme os autores, era a de que, naquele caso de depressão, o "treinamento de habilidades, primariamente, deveria lidar com três tipos de habilidades sociais, especialmente relevantes para a mulher deprimida: asserção positiva, asserção negativa e habilidades de conversação" (p. 158).

Na realidade, as habilidades não foram treinadas necessariamente nessa ordem. As demais habilidades que deviam suprir os déficits das participantes foram hierarquizadas, e a avaliação do terapeuta sobre os desempenhos dos clientes em *role-playing* possibilitou determinar os componentes (verbal, não verbal e paralinguístico) que deviam ser objeto de intervenção. Os terapeutas tanto podiam usar procedimentos de modelagem quanto de modelação. As técnicas utilizadas foram basicamente *role-playing*, exposição aos **modelos** de comportamentos aberto e encoberto, **reforçamento diferencial** e **tarefa de casa.**

O **esquema geral** do programa obedecia à seguinte **estruturação**: avaliação inicial e planejamento preliminar (dos três tipos de habilidades mencionadas); explicação sobre a racional do programa aos clientes; treino das habilidades hierarquizadas; treino de percepção social; treino para identificação de problemas; treino de solução de problemas e avaliações complementares. A **difusão dos programas de THS** com a população de pacientes psiquiátricos possibilitou uma ampla discussão, tanto em relação à avaliação e ao acompanhamento, quanto em relação ao planejamento de procedimentos e às estratégias de intervenção (Liberman, Nuechterlein, & Wallace, 1982). No caso do **planejamento**, discutiu-se o número ideal de sessões semanais, com propostas que variavam entre: (a) duas sessões diárias durante cinco dias da semana; (b) uma sessão por dia; (c) três sessões semanais. Quanto à duração do programa, um período extensivo de seis meses foi reconhecido como mais efetivo. Em relação à **avaliação**, defendeu-se a importância de incluir como foco, além dos déficits em habilidades sociais, os déficits cognitivos e motivacionais, o funcionamento cognitivo e a estimulação social (Wallace, 1982). A avaliação e o atendimento da família também foram considerados de grande importância (Falloon, Boyd, & McGill, 1982). Sobre **procedimentos e técnicas**, os mais referidos como ingredientes dos programas de THS foram **instrução, modelagem** e **modelação,** esta principalmente no **ensaio comportamental**.

Modelo pedagógico

Dentre os vários programas propostos e disseminados no formato pedagógico, pode exemplificar-se com o *Skillstreaming* para crianças e adolescentes (McGinnis, Goldstein, Sprafkin, & Gershaw, 1984; Goldstein, Sprafkin, Gershaw, & Klein, 1980), e o *Boys Town Model* (Dowd, Tobias, Connolly, Criste, & Nelson, 1993), planejados sob a perspectiva da teoria da **aprendizagem social** (Bandura, 1977b), com ênfase no ensino de pequenas unidades de desempenho. Outro programa pedagógico mais recente é o *Social Skills Intervention System* (Elliott & Gresham, 2007), que pode ser incluído no **enfoque eclético** (cognitivo-comportamental).

Os dois formatos pedagógicos mais conhecidos, o *Skillstreaming* e o *Boys Town Model*, podem ser resumidos no esquema de aprendizagem **olhar-avaliar-copiar** (fazer de maneira semelhante ao modelo). Sob esses formatos, supõe-se a emergência de desempenhos molares bem-sucedidos, nos contextos cotidianos, a partir do treino de unidades moleculares nas sessões. Outra característica dos programas pedagógicos é o uso de material de interesse da criança ou do jovem, como a televisão (programas em vídeo), o computador (programas e materiais informatizados) e os livros ilustrados (Baker, 2006).

Skillstreaming para crianças e adolescentes

Esse formato prevê módulos diferenciados para crianças (McGinnis, Goldstein, Sprafkin, & Gershaw, 1984) e para adolescentes (Goldstein, Sprafkin, Gershaw, & Klein, 1980). As sessões do *Skillstreaming* são conduzidas por um facilitador que, usando material didático, ensina aos participantes as unidades de desempenhos. Os **procedimentos** enfatizam não só a **modelação** e a **instrução**, mas também a **aprovação** do tipo "hum, bom, isso". O *role-playing* é utilizado, em geral, para superar dificuldades em desempenhos que não atingem o critério esperado ou para fortalecer unidades de desempenhos.

Esse programa utiliza **vídeos ilustrativos** que são selecionados com base nos objetivos ou dificuldades da clientela. As classes de habilidades amplas, como habilidades alternativas à agressão, são decompostas em subclasses, como usar o autocontrole, pedir permissão, aceitar consequências, lidar com acusação etc. E estas são decompostas em unidades menores de comportamento verbal e não verbal, por exemplo, aproximar-se do colega, olhá-lo diretamente, sorrir, esperar a vez etc.

Boys Town Model

O *Boys Town Model* (Modelo Cidade dos Meninos) leva o nome de uma instituição criada por um padre católico, Edward J. Flanagan, em 1917, com o objetivo de amparar meninos abandonados ou que sofreram abuso de diversos tipos. Atualmente, é utilizado em diferentes partes dos EUA sob quatro formatos: (a) Programa residencial de longo prazo; (b) Programa residencial de curto prazo; (c) Programa de serviços ecológicos baseados na família; (d) Programa de tratamento ecológico de cuidado (Dowd & Tierney, 2005).

O formato *Boys Town Model* (Dowd & Tierney, 2005; Weiner, Fritsch & Rosen, 2002) propõe quatro componentes para o programa: **filmes** (via televisão), desenhos animados, música e histórias interativas para promover habilidades sociais; **jogos** e eventos esportivos; **envolvimento da família e da comunidade** em situações de vida real; **empreendimentos de serviços** para o adolescente com necessidade de trabalho. O programa prevê diferentes **módulos,** dos mais elementares para os mais complexos, que no total abrangem 182 classes de habilidades sociais[3]. Os **procedimentos** para o treinamento de habilidades sociais incluem:

---

[3] A "Cidade dos meninos" localiza-se a oeste de Nebraska, Estados Unidos. Trata-se de um ambiente com 365 hectares para agricultura e pecuária, prédios da administração, dormitórios, restaurantes, igrejas (católica e protestante), escolas, um complexo esportivo, departamentos de polícia, corpo de bombeiro e uma editora, a *Boys Town Press*, que imprime livros destinados à educação e à terapia. A instituição é mantida pela produção da fazenda, por contribuições de voluntários e por verbas de órgãos estatais. A partir de 1979, passou a receber meninas, mesmo mantendo a denominação *Boys Town*. Esse trabalho se

- observação pelo participante (criança ou adolescente) de desempenhos apropriados e inapropriados em videogravação, por aproximadamente trinta minutos;
- avaliação de cada participante durante a discussão sobre o que foi observado no filme;
- relato ao grupo de comportamentos apropriados e inapropriados identificados na observação.

Social Skills Intervention System (SSIS)

O **Sistema de Intervenção em Habilidades Sociais**, proposto por Elliott e Gresham (2007), baseia-se seleção das habilidades consideradas mais importante pelos professores e em um sistema de avaliação continuada do progresso das crianças. Parte do princípio de que as habilidades sociais constituem **comportamento substitutivo** aos problemas de comportamento (Maag, 2005; 2006) e que, portanto, a intervenção sobre estes pode ocorrer indiretamente, por meio da promoção de aprendizagem de habilidades sociais. O SSIS é proposto em níveis de abrangência:

- **universal**, focalizando as dez classes de habilidades mais importantes (conforme pesquisa prévia com professores), com duração de dez semanas em três sessões semanais de 25 minutos, conduzidas pelo professor em sala de aula;
- **seletiva**, focalizando vinte das habilidades sociais mais importantes, conduzida ao longo de quinze semanas, em pequenos grupos de crianças de risco ou que não melhoraram

tornou amplamente conhecido após o filme de mesmo nome, de 1938, com Spencer Tracy e Mickey Rooney.

com a intervenção universal, com assessoria profissional de Psicologia;

- **individualizada/intensiva**, conduzida por profissionais de apoio, focalizando os comportamentos problemáticos específicos da criança que não respondeu bem às intervenções anteriores (duração variável).

O formato do programa de intervenção baseia-se em procedimentos de **instrução, modelação,** *role-playing*, **ensaio comportamental,** *feedback* e **tarefas de casa,** os quais buscam contemplar o esquema geral: **instrua – mostre – faça – pratique – monitore o progresso – generalize.**

Expansão dos programas de habilidades sociais

Os diferentes problemas interpessoais parecem ter-se tornado mais frequentes e exacerbados em várias sociedades a partir dos meados do século XX. Esse fenômeno exigiu respostas governamentais, de um lado, para lidar com tais acontecimentos e, de outro, para preveni-los, favorecendo com isso a aplicação de diferentes programas, no contexto escolar americano. Concomitantemente, as exigências por melhores relações interpessoais em diferentes contextos têm ampliado consideravelmente a lista de classes de habilidades sociais relevantes, por exemplo, as incluídas na classe de habilidades de comunicação, como as de **persuadir** (Dillard & Marshall, 2003) e **negociar** (Roloff, Putnam, & Anastasiou, 2003).

A difusão de programas sob um modelo pedagógico facilitou o aparecimento de intervenções chamadas preventivas, além das terapêuticas. No contexto clínico, o THS pode ser considerado como um dos vários processos de terapia baseados na concepção de aprendizagem estruturada (Goldstein, Sprafkin, Gershaw, & Klein, 1980). No contexto educacional, esses programas podem ser incorporados à atividade escolar com todos os estudantes ou também como atividade opcional extraclasse. No caso da aplicação na escola como um todo, é preciso cuidado para não se distanciar das necessidades reais das crianças, inclusive acadêmicas, se possível articulando-as com o programa de habilidades sociais. Por outro lado, os resultados bem-sucedidos da aplicação do modelo terapêutico com pacientes esquizofrênicos levaram ao atendimento de uma população mais diversificada quanto aos problemas interpessoais, como os de comunicação entre cônjuges (Jacobson, 1982) e as dificuldades de relacionamento das crianças com pares (French & Tyne, 1982).

Os programas de THS, em geral, apoiam-se em alguns princípios e em algumas constatações empíricas, já há muito consolidados na Psicologia, tais como:

- as **habilidades sociais são aprendidas** e, portanto, podem ser **ensinadas**;
- a aprendizagem de habilidades sociais pode ocorrer de maneira **incidental** ou pode ser **planejada** por meio de condições estruturadas (de ensino ou de terapia);
- como o contexto social é permeado por diferentes **subculturas**, cujas práticas se alteram ao longo do tempo, certas habilidades sociais podem ser valorizadas em determinados contextos, em detrimento de outras (**caráter situacional cultural das habilidades sociais**);

- ao longo do tempo, as diferentes experiências do cotidiano podem alternar as condições de estimulação social do indivíduo: se favoráveis, as habilidades sociais entram em um **círculo virtuoso** de **aprender-fortalecer-aperfeiçoar**; se desfavoráveis, em um **círculo vicioso** de **enfraquecer--extinguir-desaprender**, com alta probabilidade de serem substituídas por comportamentos problemáticos.

Na América do Sul e no Brasil (Nilsson, Suarez, & Olaz, s.d.), parece ter ocorrido uma difusão tardia do campo teórico-prático das habilidades sociais e, em particular, do uso de programas de Treinamento de Habilidades Sociais. Três fatores poderiam explicar essa situação:

- O primeiro refere-se ao **atraso na regulamentação da profissão de psicólogo,** que ocorreu no Brasil, em 1962; no Chile, em 1964 e, na Argentina, em 1973[4] (Entre Ríos), quando comparados com os Estados Unidos, o Canadá e com alguns países europeus que há muito tempo já possuíam a profissão regulamentada.
- O segundo fator diz respeito à **dificuldade de acesso** à produção de pesquisadores do exterior até a década de 1980, quando ocorreu a expansão da rede mundial de computadores.
- O terceiro fator, pelo menos em nosso país, pode ser atribuído à **dificuldade com a língua** e, portanto, à assimilação da bibliografia estrangeira sobre a área. Considerando tal

[4] Na Argentina, a regulamentação ocorreu em momentos diferentes para as diferentes províncias, sendo a primeira a Entre Ríos, em 1973.

situação, estudos publicados ao final da década de 1980 e no início de 1990, nas línguas portuguesa e espanhola, constituíram objeto de interesse inicial pelo THS na América do Sul (Arón & Milicic, 1994; Del Prette & Del Prette, 1996; Hidalgo & Abarca, 1992).

Cerca de duas décadas após essas publicações, pode-se dizer que há um crescimento consistente de **interesse pelo THS no Brasil**, observando-se, inclusive, publicações decorrentes do intercâmbio de pesquisadores de outros países (Del Prette & Del Prette, 2009; Del Prette, Monjas, & Caballo 2006; Gresham, 2009; Del Prette, Del Prette, Gresham, & Vance, 2011).

Os estudos de revisão da literatura sobre habilidades sociais em nosso meio (Bolsoni-Silva, Del Prette, Del Prette, Montanher, Bandeira, & Del Prette, 2006; Del Prette & Del Prette, 2000, 2003; Fumo, Manolio, Bello, & Hayashi, 2009; Mitsi, Silveira, & Costa, 2004; Murta, 2005) ainda não focalizaram os programas de treinamento quanto às suas características estruturantes (estratégias, técnicas e procedimentos), o que restringe o conhecimento sobre intervenções dessa natureza.

No entanto, ainda que não se disponha de maior detalhamento dos programas utilizados em nosso país, pode-se adiantar que todos os apresentados neste livro apresentam semelhanças e diferenças em relação aos modelos de aplicação anteriormente referidos. Operacionalmente, os programas conduzidos em nosso meio apresentam-se **semelhantes** em termos de um **formato** que inclui:

- avaliação prévia;
- apresentação da racional do programa à clientela, com especificação dos objetivos da intervenção;
- objetivos que contemplam necessidades específicas de cada participante e necessidades comuns a todos os membros do grupo;
- processo flexível de modo a acomodar mudanças, ao longo do programa, nos comportamentos-alvo e nos procedimentos planejados.

Todavia, os programas em formato estritamente vivencial, tal como sugerido por A. Del Prette e Z. Del Prette (2001, 2010) e Z. Del Prette e A. P. Del Prette (2005), adotado em alguns dos programas apresentados neste livro, diferem dos modelos já referidos. Essas **diferenças** podem ser resumidas em termos de:

- uso de vivências como instrumento de acesso do terapeuta ao desempenho dos participantes e maximização dos recursos das sessões, uma vez que, nessa condição, vários participantes são treinados simultaneamente em diferentes habilidades;
- ênfase no treino de habilidades de processo (por exemplo, observar, fazer perguntas, elogiar, dar *feedback* etc.) como recurso para a aprendizagem de outras habilidades e, principalmente, para facilitar a coesão grupal;
- divisão das tarefas de casa em genéricas (mesma atribuição para todos os membros do grupo) e personalizadas (atribuição de atividades individualizadas ou a pequenos grupos).

Em relação às tarefas de casa, pretende-se, com a genérica, facilitar um compartilhamento de experiências entre os participantes, e, com a individualizada, o atendimento às necessidades particulares de cada um, verificando diferenças no progresso e na maneira como cada ambiente "responde" aos desempenhos dos participantes.

Entende-se que o detalhamento dos programas efetivos de THS (tanto os estritamente vivenciais como os que utilizam vivências e outros procedimentos) é fundamental para o encaminhamento de novas pesquisas e para a sua disseminação. Daí a proposta deste livro, centrada em descrição didática e detalhada de uma amostra recente desses programas. Espera-se que a apresentação desse conjunto de programas de THS destinados ao atendimento de diferentes populações, além de ampliar a visibilidade desse formato, induza novos estudos de replicação e a disseminação dessa ferramenta de trabalho na atuação dos profissionais de Psicologia em diferentes contextos.

Referências

Argyle, M. (1975). *Bodily communication.* London: Methuen.

Argyle, M. (1976a). *Gaze and mutual gaze.* New York: Cambridge University Press.

Argyle, M. (1976b). *A interação social: Relações interpessoais e comportamento social.* Rio de Janeiro: Zahar.

Argyle, M. (1979). Non-verbal communication in human social interaction. In R. A. Hinde (Org.), *Non-verbal communication* (pp. 233-269). London: Cambridge University Press.

Argyle, M. (1984). Some new development in social training. *Bulletin of the British Psychological Society, 37,* 405-410.

Argyle, M. (1992). La Psicología de la felicidad. Madrid: Alianza Editorial.

Argyle, M., & Henderson, M. (1993). The rules of relationships. In M. Argyle (Ed.), *Experiments in social interaction* (pp. 115-138). Aldershot: Dermouth Publishing.

Argyle, M. (1994). *Psicología del comportamiento interpersonal.* Madrid: Alianza Universidad.

Argyle, M., & Trower, P. (1979). *Person to person: Ways of communicating.* London: Multimedia Publications.

Argyle, M., Bryant, B., & Trower, P. (1974). Social skills training and psychotherapy: A comparative study. *Psychological Medicine, 4,* 435-443.

Argyle, M., Furnham, A., & Graham, J. A. (1981). *Social situations.* Cambridge: Cambridge University Press.

Arón, A. M., & Milicic, N. (1994). *Viver com os outros: Programa de desenvolvimento de habilidades sociais.* Campinas: Editorial PSY.

Baker, J. (2006). *The social skills Picture: Book for high school and beyond.* Arlington: Future Horizons.

Bandura, A. (1977a). *Social learning theory.* Englewood Cliffs: Prentice Hall.

Bandura, A. (1977b). Self-efficacy: Toward a unifying theory of behavioral change. *Psychological Review, 84,* 191-215.

Bandura, A. (1987). *Pensamiento y acción: Fundamentos sociales*. Madrid: Martinez Roca.

Bandura, A. (1999). A social cognitive theory of personality. In L. A. Pervin & O. P. John (Eds.), *Handbook of personality* (pp. 154-196). New York: Guilford.

Bandura, A. (2008). A evolução da teoria social cognitiva. In A. Bandura, R. G. Azzi & Polydoro (Orgs.), *Teoria social cognitiva: Conceitos básicos* (pp. 15-41). Porto Alegre: Artmed.

Bandura, A., Ross, D., & Ross, S. (1963). Imitation of film-mediated aggressive models. *Journal of Abnormal Social Psychology*, 66, 3-11.

Bellack, A. S., Turner, S. M., & Kazdin, A. S. (Eds.). (1986). An examination of the efficacy of social skills training for chronic schizophrenic patients. *Hospital and Community Psychiatry, 35*, 1-23-1028.

Bolsoni-Silva, A. T. (2002). Habilidades sociais: Breve análise da teoria e da prática à luz da análise do comportamento. *Interação em Psicologia*, 6(2), 233-242.

Bolsoni-Silva, A. T., & Carrara, K. (2010). Habilidades Sociais e Análise do Comportamento: Compatibilidades e dissensões conceitual-metodológicas. *Psicologia em Revista (Online)*, *16*(2), 330-350. Recuperado em 10 de março de 2011, de http://periodicos.pucminas.br/index.php/psicologiaemrevista/article/view/682/1941.

Bolsoni-Silva, A. T., Del Prette, Z. A. P., Del Prette, G., Montanher, A. R., Bandeira, M., & Del Prette, A. (2006). A área das habilidades sociais no Brasil: Uma análise dos estudos publicados em periódicos. In M. Bandeira, Z. Del Prette & A. Del Prette (Orgs.), *Estudos sobre habilidades sociais e relacionamento interpessoal* (pp. 17-45). São Paulo: Casa do Psicólogo.

Brown, M. (1982). Maintenance and generalization issues in skills training with chronic schizophrenics. In J. P. Curran & P. M. Monti (Eds.), *Social Skills training: A practical handbook for assessment and treatment* (pp. 90-116). New York: The Guilford Press.

Caballo, V. E. (1993). *Manual de evaluación y entrenamiento en habilidades sociales*. Madrid: Siglo Veintiuno.

Caballo, V. E., Irurtia, M. J., & Salazar, I. C. (2009). Abordagem cognitiva na avaliação e intervenção sobre habilidades sociais. In Z. Del Prette & A. Del Prette (Orgs.), *Psicologia das habilidades sociais: Diversidade teórica e suas implicações* (pp. 67-107). Petrópolis: Vozes.

Carrara, K., Silva, A. T. B., Verdu, A. C. M. A. (2006). Delineamentos culturais e práticas descritas por políticas públicas: Análise conceitual e projetos de intervenção. In H. J. Guilhardi & N. C. Aguirre (Orgs.), *Sobre comportamento e cognição: Expondo a variabilidade* (Vol. 17, pp. 344-356). Santo André: ESETec.

Catania, A. C. (1999). *Aprendizagem: Comportamento, linguagem e cognição.* Porto Alegre: Artmed.

Del Prette, A., & Del Prette, Z. A. P. (2001). *Psicologia das relações interpessoais: Vivências para um trabalho em grupo.* Petrópolis: Vozes.

Del Prette, A., & Del Prette, Z. A. P. (2003). Treinamento assertivo ontem e hoje. In C. E. Costa, J. C. Luzia & H. H. N. Sant' Anna (Orgs.), *Primeiros passos em análise do comportamento e cognição* (pp.149-160). Santo André: ESETec.

Del Prette, A., & Del Prette, Z. A. P. (2005). A importância das tarefas de casa como procedimento para a generalização e validação do treinamento de habilidades sociais. In J. H. Guilhardi & N. C. Aguirre (Orgs.), *Primeiros passos em Análise do Comportamento e Cognição* (pp. 67-74). Santo André: ESETec.

Del Prette, A., & Del Prette, Z. A. P. (2009). Componentes não verbais e para linguísticos das habilidades sociais. In A. Del Prette & Z. Del Prette (Orgs.), *Psicologia das habilidades sociais: Diversidade teórica e suas implicações* (pp. 147-186). Petrópolis: Vozes.

Del Prette, A., & Del Prette, Z. A. P. (2010). Programa vivencial de habilidades sociais: Características sob a perspectiva da análise do comportamento. In M. R. Garcia, P. R. Abreu, E. N. P. de Cillo, P. B. Faleiros & P. Piazzon (Orgs.), *Sobre comportamento e cognição: Terapia comportamental e cognitivas* (pp. 127-150). Santo André: ESETec.

Del Prette, Z. A. P., & Del Prette, A. (1996). Habilidades sociais: Uma área em desenvolvimento. *Psicologia: Reflexão e Crítica,* 9(2), 233-255.

Del Prette, Z. A. P., & Del Prette, A. (1999). *Psicologia das habilidades sociais: Terapia e educação*. Petrópolis: Vozes.

Del Prette, Z. A. P., & Del Prette, A. (2000). Treinamento em habilidades sociais: Panorama geral da área. In V. G. Haase, R. Rothe-Neves, C. Käppler, M. L. M. Teodoro & G. M. O. Wood (Eds.), *Psicologia do Desenvolvimento: Contribuições Interdisciplinares* (pp. 249-264). Belo Horizonte: Health.

Del Prette, Z. A. P., & Del Prette, A. (2004). Treinamento de habilidades sociais com crianças: Como utilizar o método vivencial. In C. E. Costa, J. C. Luzia e H. H. N. Sant' Anna (Orgs.), *Primeiros passos em Análise do Comportamento e Cognição* (pp. 111-119). Santo André: ESETec.

Del Prette, Z. A. P., & Del Prette, A. (2005). *Psicologia das habilidades sociais na infância: teoria e prática*. Petrópolis: Vozes.

Del Prette, Z. A. P., & Del Prette, A. (Orgs.). (2009). *Psicologia das habilidades sociais: Diversidade teórica e suas implicações*. Petrópolis: Vozes.

Del Prette, Z. A. P., & Del Prette, A. (2010). Habilidades Sociais e Análise do Comportamento: Proximidade histórica e atualidades. *Perspectivas em Análise do Comportamento, 1*(2), 104-115.

Del Prette, Z. A. P., Del Prette, A., Gresham, F. M., & Vance, M. J. (2011). Role of social performance in predicting learning problems: Prediction of risk using logistic regression analysis. *School Psychology International Journal,* no prelo.

Del Prette, Z. A. P., Monjas, M. I., & Caballo, V. E. (2006). La evaluación del repertorio de las habilidades sociales en niños. In V. E. Caballo (Org.), *Manual para La evaluación clínica de los trastornos psicológicos: Trastornos de La edad adulta e informes psicológicos* (pp. 373-399). Madrid: Pirámide.

Dillard, J. P., & Marshall, L. (2003). Persuasion as a social skill. In J. O. Greene & B. R. Burleson (Eds.), *Handbook of communication and social interaction skills* (pp. 479-514). Mahwah: LEA.

Dowd, T., & Tierney, J. (2005). *Teaching social skills to youth: A step-by-step guide to 182 basic to complex skills plus helpful teaching techniques*. Crawford: Boys Town Press.

Dowd, T., Tobias, L., Connolly, T., Criste, A., & Nelson, C. (1993). *Specialized classroom management: A boys town approach.* Father Flanagan's Boys Home: Boys Town, Nebraska.

Dunn, M. A., & Myles, B. S. (2006). *S. O. S. Social skills in our schools*. Kansas: Shawnee Mission.

Elliott, N. E., & Gresham, F. M. (2007). *Social Skills Improvement System: Class-wide Intervention Program Teachers's Guide.* Bloomington: NCS Pearson.

Falcone, E. M. O. (2000). Habilidades sociais: Para além da assertividade. In R. Wielenska (Org.), *Sobre Comportamento e Cognição: questionamento e ampliando a teoria e as intervenções clínicas e em outros contextos* (pp. 211-221). Santo André: ESETec.

Falcone, E. M. O., & Azevedo, V. S. (2006). Um estudo sobre a reação de terapeutas cognitivo-comportamentais frente à resistência de pacientes difíceis. In E. F. F. M. Silvares (Org.), *Atendimento psicológico em clínicas-escola* (pp. 159-184). Campinas: Editora Alínea.

Falloon, E. R., Boyd, J. L., & McGill, C. W. (1982). Behavioral family therapy for schizophrenia. In J. P. Curran & P. M. Monti (Eds.), *Social Skills training: A practical handbook for assessment and treatment* (pp. 1-152). New York: The Guilford Press.

French, D. C., & Tyne, T. (1982). The identification and treatment of children with peer relationship difficulties. In J. P. Curran & M. Monti (Eds). *Social Skills Training: A practical handbook for assessment and treatment* (pp. 280-308). New York: The Guilford Press.

Fumo, V. M. S., Manolio, C. L., Bello, S., & Hayashi, M. C. P. I. (2009). Produção científica em habilidades sociais: Estudo bibliométrico. *Revista Brasileira de Terapia Comportamental e Cognitiva, 11*(2), 246-266.

Goldsmith, J. B., & McFall, R. M. (1975). Development and evaluation of the interpersonal skills training program for psychiatric inpatients. *Journal of Abnormal Psychology*, 14, 51-58.

Goldstein, A. P., Sprafkin, R. P., Gershaw, N. J., & Klein, P. (1980). *Skill-streaming the adolescent: A strutured learning approach to teaching prosocial skills.* Illinois: Research Press Company.

Gottman, J., & Rushe, R. (1995). Communication and social skills approaches to treating ailing marriages: A recommendation for a new marital therapy called "Minimal Marital Therapy". In W. O'Donohue & L. Krasner (Eds.), *Handbook of psychological skills training: Clinical techniques and applications* (pp. 287-305). Boston: Allyn and Bacon.

Gresham, F. M. (2009). Análise do comportamento aplicada às habilidades sociais. In A. Del Prette & Z. Del Prette (Orgs.), *Psicologia das habilidades sociais: Diversidade teórica e suas implicações* (pp. 17-66). Petrópolis: Vozes.

Hargie, O., Saunders, C., & Dickson, D. (1994). *Social skills in interpersonal communication* (3ª ed.). London: New York: Routledge.

Hersen, M., & Bellack, A. S. (1976). A multiple baseline analysis social skills training for chronic schizophrenics. *Journal of Applied Behavior Analysis*, 9, 239-245.

Hersen, M., Bellack, A. S., & Himmelhoch, J. M. (1982). Skills training with unipolar depressed women. In J. P. Curran & P. M. Monti (Orgs.), *Social skills training: A practical handbook for assessment and treatment* (pp. 159-184). New York: Guilford.

Hidalgo, C. G., & Abarca, N. (1992). *Comunicación Interpersonal: Programa de entrenamiento en habilidades sociales*. Santiago: Universidad Católica.

Jacobson, N. S. (1982). Communication skills training for married couples. In J. P. Curran & P. M. Monti (Orgs.), *Social skills training: A practical handbook for assessment and treatment* (pp. 224-252). New York: Guilford.

Kelley, J. A. (2002). *Entrenamiento de las habilidades sociales: Una práctica para intervenciones*. Bilbao: DDB.

Lega, L. I., Caballo, V. E., & Ellis, A. (1997). *Teoría y práctica de la terapia racional emotivo-comportamental*. Madrid: Siglo Veintiuno.

Liberman, R. P., Nuechterlein, K. H., & Wallace, C. J. (1982). Social skills training and the nature of schizophrenia. In J. P. Curran & P. M. Monti (Eds.), *Social Skills training: A practical handbook for assessment and treatment* (pp. 5-56). New York: The Guilford Press.

Maag, J. W. (2005). Social skills training for youth with emotional and behavioral disorders and learning disabilities: Problems, conclusions, and suggestions. *Exceptionality, 13*, 155-172.

Maag, J. W. (2006). Social skills training for students with emotional and behavioral disorders: A review of reviews. *Behavioral Disorders, 32*, 5-17.

Marchezini-Cunha, V., & Tourinho, E. Z. (2010). Assertividade e autocontrole: Interpretação analítico-comportamental. *Psicologia: Teoria e Pesquisa, 26*(2), 295-304.

McGinnis, E., Goldstein, A. P., Sprafkin, R. P., & Gershaw, N. J. (1984). *Skillstreaming the elementary school child: A guide for teaching prosocial skills.* Champaign: Illinois: Research Press.

McIntyre, L. L., Gresham, F. M., DiGennaro, F. D., & Reed, D. D. (2007). Treatment integrity of school-based interventions with children in the Journal of Applied Behavior Analysis 1991-2005. *Journal of Applied Behavior Analysis*, 40, 659-672.

Mitsi, C. A., Silveira, J. M., & Costa, C. E. (2004). Treinamento de habilidades sociais no tratamento do Transtorno Obsessivo-Compulsivo: um levantamento bibliográfico. *Revista Brasileira de Terapia Comportamental e Cognitiva*, 6(1), 49-59.

Monti, P. M., Corriveau, D. P., & Curran, J. P. (1982). Social skills training for psychiatric patients: Treatment and outcome. In J. P. Curran & P. M. Monti (Eds.), *Social skills training: A practical handbook for assessment and treatment* (pp. 183-223). New York: Guilford Press.

Monti, P. M., Kadden, R. M., Rohsenow, D. J., Cooney, N. L., & Abrams, D. B. (2005). *Tratando a dependência de álcool: Um guia de treinamento das habilidades sociais de enfrentamento.* São Paulo: Roca.

Morse, J. M., Bottorff, J., Anderson, G., O'brien, B., & Solberg, S. (1992). Beyond empathy: Expanding expressions of caring. *Journal of Advanced Nursing, 17*, 809-821.

Murta, S. G. (2005). Aplicações do treinamento em habilidades sociais: Análise da produção nacional. *Psicologia: Reflexão e Crítica, 18*(2), 283-291.

Nilsson, N. S. P., Suarez, A. B., & Olaz, F.O. (s.d.). Estudio bibliométrico de las publicaciones científicas sobre el área de habilidades sociales en América Latina. Manuscrito submetido à publicação.

O'Donohue, W., & Krasner, L. (1995). Psychological skills training. In W. O'Donohue & L. Krasner (Eds.), *Handbook of psychological skills training* (pp. 1-19). London: Allyn and Bacon.

Olaz, F. (2009). Contribuições da teoria social-cognitiva de Bandura para o treinamento de habilidades sociais. In Z. Del Prette & A. Del Prette (Orgs.), *Psicologia das habilidades sociais: Diversidade teórica e suas implicações* (pp. 109-148). Petrópolis: Vozes.

Pérez, I. P. (2000). *Habilidades sociales: Educar hacia la autorregulación: Conceptualización, evaluación e intervención*. Barcelona: Editorial Horsori.

Peterson, C. (2006). *A primer in Positive Psychology*. Oxford: Oxford University Press.

Ríos-Saldaña, M. R., Del Prette, A., & Del Prette, Z. A. P. (2002). A importância da teoria da aprendizagem social na constituição da área do treinamento das habilidades sociais. In H. J. Guilhardi, M. B. F. P. Maldi, P. P. Queiroz & M. C. Scoz (Orgs.), *Sobre comportamento e cognição: Contribuições para construção da teoria do comportamento* (pp. 269-283). Santo André: ESETec.

Rodrígues, F. G., Rubio, J. M. L., & Expósito, L. J. (1995). *Habilidades sociales y salud*. Madrid: Pirámide.

Rodrigues, V. S., & Oliveira, M. S. (2010). Habilidades sociales y ansiedad social en fumadores y no fumadores. *Psicología Conductual, 28*, 183-195.

Rohsenow, D. J., Monti, P. M., Rubonis, A. V., Gulliver, S. B., Colby, S. M., Binkoff, J. A., & Abrams, D. B. (2001). Cue exposure with coping skills training and communication skills training for alcohol dependence: Six and twelve month outcomes. *Addiction, 96*, 1161-1174.

Roloff, M. E., Putnam, L. L., & Anastasiou, L. (2003). Negotiation skills. In J. O. Greene & B. R. Burleson (Eds.), *Handbook of communication and social interaction skills* (pp. 479-514). Mahwah: LEA.

Segrin, C., & Givertz, M. (2003). Methods of social skills training and development. In J. O. Greene & B. R. Burleson (Eds.), *Handbook of communication and social interaction skills* (pp. 135-178). Mahwah: LEA.

Skinner, B. F. (1970). *Ciência e comportamento humano*. Brasília: Editora Universidade de Brasília.

Skinner, B. F. (1974). *About behaviorism*. New York: Alfred A. Knopf.

Skinner, B. F. (1992). *Verbal behavior*. Acton: Copley Publishing Group.

Skinner, B. F. (1999). *Cumulative record: A selection of papers*. Acton: Copley Publishing Group.

Skinner, B. F. (2007). Seleção por consequências. Revista Brasileira de Terapia Comportamental e Cognitiva, 9(1), 129-137. Recuperado em 10 de agosto de 2009, de http://revistas.redepsi.com.br/index.php/RBTCC/article/view/150/13.

Sturmey, P. (1996). *Functional analysis in clinical psychology*. Chichester: John Wiley & Sons.

Trower, P. (1982). Toward a generative model of social skills: A critique and synthesis. In J. P. Curran & P. M. Monti (Eds.), *Social Skills training: A practical handbook for assessment and treatment* (pp. 399-427). New York: The Guilford Press.

Trower, P., Bryant, B., & Argyle, M. (1978). *Social skills and mental health*. Pittsburgh: University of Pittsburgh Press.

Wallace, C. (1982). The social skills training Project of the mental health clinical research center for the study of schizophrenia. In J. P. Curran & P. M. Monti (Eds.), *Social Skills training: A practical handbook for assessment and treatment* (pp. 57-89). New York: The Guilford Press.

Weiner, I., Fritsch, R. E., & Rosen, B. (2002). *Social skills training for the 21st century*. Recuperado em 14 de outubro de 2010, de http://findarticles.com/p/articles/mi_hb3325/is_2_6/ai_n28932378/.

2

Práticas baseadas em evidências e treinamento de habilidades sociais

Zilda A. P. Del Prette
Almir Del Prette

Este capítulo contextualiza, inicialmente, o movimento da Psicologia em direção a intervenções que se caracterizam como Práticas Psicológicas Baseadas em Evidências (*Evidence-Based Practice in Psychology*). Após apresentar os principais conceitos que norteiam a produção de evidências na pesquisa sobre intervenções em geral, focaliza especificamente os programas de Treinamento de Habilidades Sociais (THS), com referências a estudos produzidos no exterior e no Brasil. São explicitadas algumas condições e alguns limites para considerar os programas de THS como Práticas Psicológicas Baseadas em Evidências. Ao final, conceitua e diferencia manuais de protocolos de intervenção, destacando sua utilidade no desenvolvimento de programas de THS e direções para a pesquisa e a prática.

Eficácia, efetividade e práticas psicológicas em evidências

A noção de **Práticas Psicológicas Baseadas em Evidências (PPBE)** está associada ao amplo movimento de validação das psicoterapias, coordenado pela Associação de Psicologia Americana (APA) nos últimos vinte anos. Esse movimento é historicamente dividido em três períodos ou gerações (Neno, 2005): a **Geração I**, começando a partir de meados do século XX, buscava avaliar se a psicoterapia era efetiva para promover mudanças de personalidade; a **Geração II,** seguindo nos anos 1960 e 1970, tinha como meta comparar diferentes métodos terapêuticos para problemas psicológicos específicos; a **Geração III**, a partir dos anos 1980, visava a identificar os tratamentos eficazes para a remissão dos sintomas das doenças e dos transtornos psicológicos e de saúde em geral (descritos no DSM[1]), por meio de ensaios clínicos randomizados, que comparavam grupos de indivíduos com um mesmo diagnóstico, submetidos a diferentes tipos de intervenção.

A atuação mais decisiva da APA nesse movimento ocorreu por meio de forças-tarefas (*task force*) que, a partir da década de 1990, passaram a examinar as evidências disponíveis para diferentes tipos de intervenção psicológica, em particular, a Divisão 12 (Psicologia Clínica) e a Divisão 29 (Psicoterapia). Esse movimento teve impacto positivo em termos de impulsionar o rigor metodológico e a busca de alternativas efetivas para os serviços de Psicologia.

Neno (2005) discute os condicionantes históricos desse movimento, em termos dos vieses impostos pelo modelo médico e dos interesses do mercado de planos de saúde, e apresenta as listas de tratamentos, efetivos ou potencialmente efetivos, geradas em cada uma das forças-tarefas até então constituídas. Inicialmente, os tratamentos listados foram denominados **empiricamente validados**; depois, foram renomeados como **empiricamente sustentados,** em reconhecimento ao caráter contínuo e cumulativo

[1] DSM é a sigla de *Diagnostic and Statistical Manual of Mental Disorders* (DSM), ou "Manual Diagnóstico e Estatístico de Transtornos Mentais", que serve de base para a classificação e diagnóstico das "doenças mentais".

do processo de validação, sendo então direcionados para a caracterização de **psicoterapias baseadas em evidências** e, finalmente, para **práticas psicológicas baseadas em evidências.** O conceito de Prática Psicológica Baseada em Evidências (PPBE) emergiu, portanto, como desdobramento do movimento de validação e aperfeiçoamento da psicoterapia e das práticas psicológicas em geral.

Os termos **eficácia e efetividade**, aplicados a intervenções em geral, têm sido associados aos conceitos de validades interna, externa e de constructo (Seligman, 1995; Kazdin, 1992; Cozby, 2003). No entanto, alguns autores (por exemplo, Chambless & Hollon, 1998) não opõem a validade interna à externa, argumentando que os estudos de eficácia podem e devem produzir informações sobre esses dois critérios de avaliação.

A **eficácia** de uma intervenção é avaliada por meio de estudos controlados que permitem afirmar o quanto os resultados podem ser atribuídos à intervenção sob teste, e não a variáveis aleatórias concomitantes. Esse é também o conceito de **validade interna** (Del Prette & Del Prette, 2008) que pode ser refinado em termos de validade de constructo (Kazdin, 1992), ou seja, a atribuição dos resultados a ingredientes ou fatores específicos que caracterizam ou diferenciam uma intervenção em particular.

A investigação da **validade de constructo** vai além da análise da eficácia de um pacote de procedimentos que caracteriza a maior parte das intervenções psicológicas. Um tipo de delineamento importante para isso é o **placebo** (Rocha, Del Prette, & Del Prette, 2008), que compara intervenções caracterizadas por seus ingredientes específicos com intervenções constituídas apenas de fatores comuns a quaisquer delas (Braz, Del Prette, & Del Prette, s.d.), ou **placebo fragmentado**, que compara intervenção com diferentes ingredientes específicos.

O grau de **validade externa** de uma intervenção refere-se à manutenção dos resultados após o término da intervenção, à sua generalização a outros contextos e a seu impacto sobre o funcionamento psicológico do indivíduo. Em outras palavras, mede exatamente o que se espera, em última instância, de uma intervenção psicológica: que faça diferença na vida cotidiana do cliente.

O conceito de **efetividade**, mais recentemente vinculado ao de **utilidade clínica**, incorpora e amplia aspectos da validade externa. Conforme a Força-Tarefa Presidencial sobre Práticas Psicológicas Baseadas em Evidências (APA, 2006), o conceito de **utilidade clínica** inclui basicamente três tipo de evidências: **generabilidade** dos resultados obtidos sob condições controladas (por exemplo, o laboratório) para o contexto da prática profissional do psicólogo; **viabilidade** para implementar determinada intervenção em contexto profissional; **relação custo-benefício** no processo de disseminação.

O conceito de **utilidade clínica** traz implícita uma crítica a algumas condições da avaliação de eficácia em contextos controlados (especialmente nos ensaios clínicos randomizados, orientados pelo modelo médico), tais como:

- duração prefixada da intervenção;
- uso pouco flexível de protocolos de intervenção padronizados, que não comportam ajustes em função da evolução do cliente;

- seleção prévia de características do cliente em termos de transtornos "puros", ou com a menor comorbidade possível, com base no DSM;
- resultados valorizados apenas em termos de remissão de sintomas;
- desconsideração das preferências do cliente quanto ao tipo de intervenção a que será submetido, uma vez que é randomicamente alocado a um ou outro tipo de intervenção.

A busca de respostas alternativas a essas críticas está bastante presente no conceito de **Práticas Psicológicas Baseadas em Evidências (PPBE)**. Conforme o documento produzido pela Força-Tarefa Presidencial da Associação Americana de Psicologia (APA, 2006):

> **Práticas Psicológicas Baseadas em Evidências (PPBE)** referem-se às q ue garantem a "integração da **melhor pesquisa disponível** com a **perícia clínica**, no contexto das **características do paciente, cultura e preferências**" (APA, 2006, p. 272, nossos grifos).

Aplicado a outros campos de atuação, podem-se substituir os termos perícia clínica e paciente por competência profissional e cliente ou usuário. O conceito de PPBE busca, portanto, integrar as evidências de eficácia e de efetividade, em articulação com as características do profissional, do cliente e do contexto em que essas práticas ocorrem.

Em termos da **melhor evidência de pesquisa disponível**, as PPBE apoiam-se em uma base ampliada de objetivos e métodos de avaliação das intervenções (APA, 2006; Neno, 2005). Para além dos ensaios clínicos randomizados, as evidências podem ser produzidas tanto na investigação de **fatores específicos** (ingredientes críticos e diferenciadores de uma intervenção) como de **características de processo** (princípios gerais de mudança, qualidade da relação terapêutica, habilidades pessoais e clínicas do terapeuta, contexto estruturado etc.). Para atingir todos esses objetivos, a força-tarefa defende uma maior diversidade de métodos, que podem incluir, entre outros, os estudos de caso (experimentais ou não), etnográficos, correlacionais e metanálises.

Quanto à **perícia clínica ou competência profissional**, as PPBE devem basear-se na especificação das condições do profissional que influem sobre os resultados. Nesse sentido, a força-tarefa enfatiza a necessidade da **formação científica do psicólogo,** de modo a garantir que:

- compreenda, atualize constantemente e integre o conhecimento produzido na literatura à sua prática, o que implica avaliar com rigor os procedimentos utilizados;
- use o raciocínio científico na elaboração e teste de hipótese na avaliação sistemática da própria prática.

Na formação como profissional, a pesquisa mostra a importância das **competências técnicas e interpessoais**, enquanto condição para a efetividade da atuação, e a necessidade de maior investigação desses aspectos. Por exemplo, a competência interpessoal vem sendo amplamente reconhecida como fator da qualidade da relação terapêutica e da capacidade de lidar efetivamente com clientes difíceis (Falcone & Azevedo, 2006). Há evidências de que, mesmo utilizando protocolos de intervenção bastante padronizados, os terapeutas experientes produzem melhores resultados que os iniciantes, o que é atribuído, entre outros aspectos, à sua capacidade de "reconhecer padrões significativos e descartar informações irrelevantes ..., adaptar-se a novas situações, automonitorar seu conhecimento e desempenho..." (APA, 2006, p. 276).

Em termos de **características, cultura e preferências do cliente ou paciente**, as PPBE incluem evidências sobre as características específicas dos clientes e do contexto em que a intervenção efetiva ocorre (Norcross, 2002). Isso implica um maior detalhamento das intervenções quanto a características do cliente, tais como:

- recursos e problemas (únicos ou em comorbidade);
- condições sociodemográficas e desenvolvimentais (gênero, idade, *status* social, estágio da vida, condições de saúde);
- contexto sociocultural e familiar (subcultura, estrutura familiar, classe social, identidade de gênero, religião, etnia);
- preferências e valores com relação ao tratamento (objetivos, crenças, visão de mundo, expectativas).

Todos esses fatores são assumidos como **possíveis moderadores da efetividade** da intervenção e, nesse sentido, aquelas testadas sob maior diversidade de características do cliente poderiam sugerir mais robustez das evidências de efetividade ou, alternativamente, especificidade para determinados características. A investigação dessas características pode indicar as **adaptações** necessárias à aplicação de determinada intervenção a clientes específicos.

Treinamento de Habilidades Sociais como PPBE

Nos Estados Unidos, conforme O'Donohue e Krasner (1995), o Treinamento de Habilidades Sociais (THS), enquanto método terapêutico, impulsionou o desenvolvimento inicial da Terapia Comportamental, sendo reconhecido como coadjuvante ou componente essencial do atendimento clínico a pessoas com diferentes transtornos. As listagens iniciais de tratamentos empiricamente validados ou sustentados não incluíam explicitamente os programas de THS (APA, 1995; Chambless *et al.*, 1996).

No entanto, essas listagens faziam referência à terapia cognitivo-comportamental e à terapia interpessoal, que poderiam, em tese, incluir o treinamento de habilidades sociais, especialmente no caso de transtornos com déficits correlatos de habilidades sociais. A incidência desses correlatos tem sido constatada em estudos realizados no Brasil (Angélico, 2009; Angélico, Crippa, & Loureiro, 2006; 2010; Del Prette & Del Prette, 2002; Del Prette, Falcone, & Murta, 2011; Mitsi, Silveira, & Costa, 2004; Rodrigues & Oliveira, 2010; Wagner, Silva, Zanetello, & Oliveira, 2010), que, somados a uma vasta literatura de outros países (por exemplo, Segrin, 2000; Segrin & Flora, 2000), reforçam a pertinência de programas de THS como parte do tratamento eficaz de transtornos específicos, por exemplo, ansiedade e estresse, fobia social, depressão, dependência química etc.

Somente no relatório da Força-Tarefa de 1998 (Chambless *et al.*, 1998), o *THS* é explicitamente listado como **tratamento provavelmente eficaz** para o ajustamento social de pacientes esquizofrênicos e para o tratamento institucional de dependência química ao álcool. A listagem incluía, também, a terapia de solução de problema social, focalizada na habilidade social específica de solução de problemas, como tratamento provavelmente eficaz para a depressão. Adicionalmente, nas listagens de todas as forças-tarefas apresentadas por Neno (2005) aparecem os programas de treinamento de pais. Esses programas, explícita ou implicitamente, buscam ensinar aos pais habilidades de interação social no manejo de comportamentos dos filhos.

As habilidades sociais estão presentes nos relatórios que tratam de "relações terapêuticas empiricamente sustentadas", como o da força-tarefa de Psicoterapia da APA (Norcross & Hill, 2004), no qual são destacadas especificamente as **habilidades sociais do terapeuta** (por exemplo, a empatia) e outros aspectos da relação com o cliente que implicam habilidades sociais (por exemplo, a aliança terapêutica, a coesão na terapia de grupo, o consenso e envolvimento dos participantes em torno dos objetivos do tratamento, a consideração positiva ao cliente, o *feedback etc.*). No relatório da força-tarefa subsequente (Castonguay & Beutler, 2006), algumas **habilidades sociais** aparecem como **componentes implícitos ou explícitos de categorias de processo** (qualidade da relação terapêutica, habilidades pessoais do terapeuta e habilidades clínicas do terapeuta), listadas como fatores comuns a diferentes tipos de intervenções efetivas para uma variedade de problemas.

A análise dos programas de habilidades sociais, sob a perspectiva das PPBE, implica considerar tanto suas **evidências de efetividade nos resultados** como suas **características de processo,** potencialmente associadas a essa efetividade.

Em termos de evidências de **efetividade nos resultados,** os estudos de metanálise sobre programas de THS, realizados no exterior (Ang & Hughes, 2001; Losel e Beelman, 2003; Beelmann, Pfingsten, & Losel, 1994; Cook, Gresham, Kern, Barreras, Thornton, & Crews, 2008; Quinn, Kavale, Mathur, Rutherford, & Forness, 1999), vêm produzindo evidências de sua eficácia e efetividade com diversificadas características de pacientes, de contextos culturais e de problemas. Com base nesses estudos, coerentemente com as recomendações das forças-tarefas antes referidas, os programas de THS poderiam ser considerados como PPBE, uma alternativa de intervenção relevante e viável em diferentes contextos.

Quanto às **variáveis de processo**, os programas efetivos de THS contemplam várias das características sinalizadas no relatório de forças-tarefas relativamente recentes (Castonguay & Beutler, 2006; Norcross & Hill, 2004), tais como:

- São programas direcionados a necessidades reconhecidas pelos participantes, que ocorrem em contexto grupal não aversivo, fortemente baseado em *feedback* positivo e apoio mútuo;
- A relação entre o terapeuta e os pacientes é altamente positiva e empática entre o terapeuta e os participantes, o que é uma condição básica da intervenção em THS.
- No caso específico do método vivencial, a atuação do terapeuta deve mediar interações entre os participantes e promover empatia, confiança, comprometimento, cooperação e coesão no grupo (A. Del Prette & Del Prette, 2001; Z. Del Prette & Del Prette, 2005).

- As relações do facilitador com o grupo e a forma como lida com as interações entre os participantes são condições que podem ampliar ou comprometer a efetividade do programa (Del Prette & Del Prette, 2001).
- As habilidades do terapeuta (e.g., Falcone & Azevedo, 2006; Magalhães, Luzia, & Dalmas, 2004; Silveira, Bolsoni-Silva, & Meyer, 2010) são reconhecidas como condição de efetividade de intervenções clínicas em geral e de programas de THS em particular.

Evidências de efetividade do THS no Brasil

Com base nas revisões disponíveis sobre os estudos que focalizaram programas de THS em nosso meio (Bolsoni-Silva *et al.*, 2006; Fumo, Manolio, Bello, & Hayashi, 2009; Murta, 2005; Nilsson, Suarez, & Olaz, s.d.), é possível traçar um panorama bastante diversificado dos contextos e dos problemas em que foram conduzidos, identificando-se tanto propostas educativas ou preventivas como propostas articuladas a objetivos terapêuticos. Sobre o conjunto desses programas (incluindo os mais recentes e em andamento)[2], pode-se destacar alguns aspectos característicos:

- os programas de THS vêm sendo aplicados sobretudo em **contexto educacional** (ensinos regular e especial), junto a crianças, jovens e professores;
- com crianças, os programas tem visado principalmente a reduzir **problemas de comportamento e de aprendizagem**

[2] Em http://www.ufscar.br o leitor encontra referências à parte dos estudos de intervenção que servem de base para essas considerações.

(via fortalecimento do repertório de habilidades sociais, e das habilidades sociais acadêmicas, em particular);

- no caso de pais e professores, os programas têm buscado promover **suas habilidades sociais educativas** como forma de capacitá-los no manejo e na promoção de comportamentos de seus filhos ou alunos. Alguns programas conduzidos com professores visaram, ainda, a capacitá-los para conduzirem ou mediarem **interações sociais educativas em sala de aula**, desfocando a questão dos problemas de comportamento ou de aprendizagem para a ampliação dos resultados possíveis de sua atuação;
- foram conduzidos programas de THS com **jovens dos ensinos médio** e **superior**, tanto estudantes de Psicologia quanto de outras áreas de conhecimento, como Engenharia, Informática, Enfermagem etc.;
- alguns programas **direcionados para crianças foram conduzidos junto aos pais**, exclusivamente, ou em articulação com a intervenção direta com a criança. O envolvimento dos pais também tem como objetivo sua capacitação em habilidades sociais educativas para melhorar o contexto de desenvolvimento socioemocional dos filhos e para manejo de comportamentos problemáticos;
- ainda em contexto familiar, cabe lembrar os programas de *THS* **com casais** e, em contexto clínico de atendimento terapêutico, tanto individual quanto em grupo, programas com pacientes que apresentam transtornos psicológicos diversos.

Essa breve referência a estudos sobre programas de THS conduzidos no Brasil permite pelo menos duas observações. A primeira é que esses programas foram realizados geralmente em **contextos aplicados**, junto a **diferentes populações** e com **objetivos diversificados**, o que agrega, às evidências de eficácia, alguns indicadores de **efetividade e utilidade clínica** (viabilidade e aceitação no contexto aplicado), no sentido proposto pelas PPBE. A segunda é que, não obstante os estudos já conduzidos, poucos se caracterizaram pelo controle rigoroso da validade interna (delineamentos experimentais e quase experimentais).

O teste sistemático de programas de THS (com controle experimental ou quase experimental) vinha sendo detectado como uma lacuna em estudos de revisão (Bolsoni-Silva *et al.*, 2006; Fumo, Manolio, Bello, & Hayashi, 2009; Murta, 2005; Nilsson, Suarez, & Olaz, s.d.). A maior parte dos estudos iniciais sobre programas de habilidades sociais publicados em nosso meio caracterizava-se como descritivos de processos comportamentais ou de procedimentos utilizados. Também têm sido realizados estudos de avaliação que tomam o indivíduo como seu próprio controle, mesmo quando a intervenção ocorre em grupo (Bolsoni-Silva & Marturano, 2010; Bolsoni-Silva, Silveira, & Campos, 2008; Pinheiro, Haase, Del Prette, Amarante, & Del Prette, 2006), ou que se baseiam em medidas pré e pós-intervenção, porém sem grupo-controle (aqui a maioria dos citados nos estudos de revisão). Mais recentemente, podem ser encontrados delineamentos de linha de base múltipla e de sondagens múltiplas, ou tratamento de dados com base na significância clínica e confiabilidade das mudanças, os quais ampliam a confiança nas validades interna e externa dos resultados obtidos (Del Prette & Del Prette, 2008; Rocha, Del Prette, & Del Prette, 2008).

As **primeiras evidências de efetividade** sobre programas de habilidades sociais no Brasil, **com controle experimental ou quase experimental**, ocorreram no final da **década de 1990**, com os estudos pioneiros de Del Prette e Del Prette (1999) e de Falcone (1999). Esses delineamentos vêm sendo objeto de maior investimento nos últimos anos, principalmente por meio de pesquisas aplicadas, no âmbito de cursos de pós-graduação (mestrados e doutorados)[3], porém ainda são escassas as publicações em periódicos. Além disso, mesmo quando publicadas em periódicos, as características e os ingredientes dessas intervenções são apresentados geralmente de forma bastante resumida, dificultando, até certo ponto, sua replicação. Esse foi um dos motivos que levaram à **proposta deste livro**, centrada em descrição didática e detalhada de programas com evidências de efetividade obtidas sob delineamentos rigorosos (experimental ou, pelo menos, quase experimental, com grupo-controle).

Entende-se que a ampliação desses estudos é necessária para viabilizar a identificação das características de programas que funcionam para diferentes tipos de clientes, contextos e problemas, por exemplo, por meio de estudos de metanálise. Adicionalmente, é importante considerar que a "amostra" de programas apresentada neste livro constitui uma ilustração e não esgota as

[3] O leitor interessado pode encontrar em http://www.rihs.ufscar.br a relação de pesquisas de intervenção concluídas e em andamento sob a forma de teses e dissertações, principalmente nas páginas do núcleo RIHS/UFSCar, RIHS/UNESP, RIHS/UnB, RIHS/UERJ.

possibilidades futuras nem contempla totalmente o conjunto de estudos de eficácia já realizados em nosso meio[4].

A questão dos manuais e protocolos de intervenção

Desde o início do movimento em busca de PPBE, a **integridade da intervenção** (ou seja, a realização completa de seus ingredientes característicos) é reconhecida como crucial por pesquisadores e profissionais (Gresham, 1989). Qualquer afirmação sobre a efetividade depende, em última instância, da integridade com que a intervenção foi conduzida. Daí a importância dos **manuais** e dos **protocolos** de intervenção. Ainda que os termos protocolo e manual sejam muitas vezes usados como sinônimos, entende-se que os manuais apresentam um escopo mais amplo:

- **Protocolos de intervenção** podem ser definidos genericamente como um guia detalhado de instruções, geralmente passo a passo, sobre as condições gerais da intervenção e os procedimentos específicos a serem conduzidos pelo profissional na sua interação com o cliente ou o grupo de clientes.
- **Manuais de intervenção** podem ser entendidos como materiais mais amplos que incluem, além dos protocolos, informações sobre a base conceitual, a racional da intervenção, as possibilidades de adaptá-la a diferentes contextos e problemas, as especificações quanto à formação necessária ao profissional, os resultados de pesquisa etc.

[4] Ver http://www.rihs.ufscar.br/

Os protocolos e manuais constituem condição básica para a **replicação de intervenções** e são, por sua vez, importantes para o aperfeiçoamento continuado das características dessas intervenções. Além disso, tornam-se uma ferramenta indispensável na **preparação dos profissionais** para o processo de **disseminação** das PPBE. Entretanto, os protocolos de intervenção têm sido também **objeto de críticas** (Bados López, García Grau, & Fusté Escolano, 2002; Neno, 2005), quando utilizados como pacotes de atividades e procedimentos a serem conduzidos de forma ritualizada e massificada.

Defende-se que os manuais e os protocolos devem ser **utilizados de forma flexível,** e que sua confecção deve prever **adaptações** possíveis e necessárias, com orientações específicas sobre isso, tanto no planejamento inicial, como ao longo da intervenção, em função de melhoras do cliente ou de outras necessidades detectadas. Assim, os manuais e protocolos devem ser vistos como recursos importantes para a identificação das **diretrizes gerais** e dos **ingredientes da intervenção**, tanto em relação aos fatores específicos como aos fatores comuns de efetividade. No entanto, precisam ser utilizados de forma a **evitar a ritualização** da intervenção e a garantir sua **adaptação** às **características do cliente, do contexto, da cultura**, enfim, de elementos que, ao serem levados em conta, necessariamente implicam alguma flexibilidade do programa, mesmo dos mais consolidados. Em outras palavras, o profissional precisa estar sob controle tanto dos **ingredientes da intervenção como das variáveis contextuais** de cada processo, o que significa identificar, adaptar ou alterar, quando necessário, as regras protocolares que não comprometam os ingredientes essenciais de caracterização daquela prática.

Com base em estudos que vêm produzindo evidências de eficácia e efetividade de programas de THS no Brasil[5], foram sendo elaboradas diretrizes gerais para o planejamento, a estruturação e a condução desses programas. Em um primeiro momento, esse investimento resultou na produção de **protocolos de vivência** e de **manuais para o uso dessas vivências** em programas de intervenção: Del Prette e Del Prette (2001), com quarenta vivências, e em Z. Del Prette e Del Prette (2005), com vinte vivências. Os manuais apresentam **protocolos para cada vivência**, sistematizados em torno dos seguintes itens: objetivos (específicos e complementares); material requerido; procedimento; variações (alternativa de adaptação das vivências a outros objetivos); observações (reações usuais dos participantes, sugestões adicionais, curiosidades). Além de incluírem os protocolos de vivências, os referidos manuais apresentam:

- base conceitual sobre habilidades sociais e método vivencial;
- orientações específicas quanto à avaliação dos participantes e do programa;
- orientações para o planejamento desses programas, com critérios para a seleção e a organização das vivências e dos procedimentos complementares;
- indicação das competências requeridas ao facilitador;
- arranjo do contexto de intervenção;
- apontamentos sobre questões éticas.

[5] Ver http://www.rihs.ufscar.br.

Com relação ao **risco de massificação ou ritualização**, os manuais enfatizam a necessidade de planejamento de um programa de intervenção com base em detalhada avaliação multimodal (Del Prette & Del Prette, 2006) do repertório dos participantes. Por exemplo, no caso de programas em grupo, as vivências devem ser selecionadas e organizadas em função dos objetivos da intervenção, e estes precisam contemplar, de forma articulada, as necessidades comuns a todos os participantes e as necessidades de cada um deles. Entende-se que pode ser importante fornecer ao cliente uma previsão quanto à duração do programa; essa previsão, no entanto, deve ser minimamente flexível para se ajustar às necessidades dos participantes.

Os manuais destacam a importância das **habilidades do terapeuta**, não somente para o planejamento inicial, mas também para, na condução das vivências, estabelecer oportunidades diferenciadas aos participantes, conforme seus recursos e déficits. Adicionalmente, considerando que as vivências permitem avaliações continuadas dos participantes, os manuais devem destacar a importância de se compreender o planejamento inicial como um guia norteador, mas suficientemente flexível para acomodar alterações ao longo do andamento do programa. Tais alterações podem representar a inclusão de novos objetivos, o ajuste do processo em função das aquisições já obtidas pelos participantes e as alterações em procedimentos, de modo a torná-los mais adequados às características dos clientes.

Considerações finais

O aperfeiçoamento de habilidades sociais e a superação de déficits e problemas de competência social, associados ou não a transtornos psicológicos e a comprometimento da qualidade de vida, geralmente requerem serviços especializados de atendimento. Não obstante o desenvolvimento tardio do campo teórico-prático das habilidades sociais no Brasil, os conhecimentos já produzidos têm gerado alternativas de intervenção, em termos de procedimentos, técnicas e programas que vêm sendo testados por meio, mais recentemente, de pesquisa experimental ou quase experimental. Essas pesquisas vêm mostrando que programas estruturados de THS, conduzidos em pequenos grupos, constituem uma **alternativa efetiva ou potencialmente efetiva** junto a crianças, adolescentes, adultos e idosos, podendo ser incluídos no rol das PPBE ou, pelo menos, no contexto desse movimento.

Entretanto, entende-se que há muito por fazer e ainda são necessários e desejáveis novos estudos de eficácia (especialmente em termos de validade de constructo) e de efetividade, visando a **ampliar a base empírica** de modo a viabilizar estudos de metanálise sobre programas de THS. Isso implica uma agenda de pesquisa que deveria estar voltada, prioritariamente, para a produção de novas evidências sobre os **ingredientes específicos** e **comuns** desses programas e suas **características de processo** e, ainda, um investimento na **atualização e aperfeiçoamento dos manuais e protocolos**, com base no conhecimento novo produzido em contextos aplicados. Também se reconhece a importância de investimento em **pesquisas de disseminação** que garantam a transferência dos conhecimentos já disponíveis para a consolidação desses programas na comunidade (capítulo 3).

Coerentemente com a noção de PPBE, novos estudos deveriam ainda focalizar as **limitações dos programas de THS**, identificando problemas e populações para os quais podem não ser efetivos. Para isso, é fundamental que sejam conduzidos e avaliados quanto à **integridade da intervenção.** Nesse sentido, defende-se que tanto o alcance como as limitações dos programas de THS devem ser estabelecidos por meio de investigação simultaneamente comprometida com o rigor científico e com a solução dos problemas que se colocam como foco do que fazer do psicólogo, no âmbito das relações interpessoais.

Referências

Ang, R., & Hughes, J. (2001). Differential benefits of skills training with antisocial youth based on group composition: A meta-analytic investigation. *School Psychology Review, 31*, 164-185.

Angélico, A. P. (2009). *Transtorno de ansiedade social e habilidades sociais: Estudo psicométrico e empírico.* Tese de doutorado, Faculdade de Medicina de Ribeirão Preto. Universidade de São Paulo, Ribeirão Preto.

Angelico, A. P., Crippa, J. A. S., & Loureiro. S. R. (2006). Fobia social e habilidades sociais: Uma revisão da literatura. *Interação em Psicologia, 10*(1), 113-125.

Angelico, A. P., Crippa, J. A. S., & Loureiro. S. R. (2010). Social anxiety disorder and social skills: A critical review of the literature. *International Journal of Behavioral Consultation and Therapy*, 6(2), 95-110.

APA Presidential Task Force on Evidence-Based Practice (2006). Evidence-Based Practice in Psychology. *American Psychologist, 61*(4), 271-285.

Bados López, A., García Grau, E., & Fusté Escolano, A. (2002). Eficacia y utilidad clínica de la terapia psicológica. *International Journal of Clinical and Health Psychology, 2*(3), 477-502.

Beelmann, A., Pfingsten, U., & Losel, F. (1994). Effects of training social competence in children: A meta-analysis of recent evaluation studies. *Journal of Clinical Child Psychology, 23*, 260-271.

Bellack, A. S., Turner, S. M., & Kazdin, A. S. (Eds.). (1986). An examination of the efficacy of social skills training for chronic schizophrenic patients. *Hospital and Community Psychiatry, 35*, 1-23-1028.

Bolsoni-Silva, A. T., & Carrara, K. (2010). Habilidades Sociais e Análise do Comportamento: Compatibilidades e dissensões conceitual-metodológicas. *Psicologia em Revista (Online)*, *16*(2), 330-350.

Bolsoni-Silva, A. T., & Marturano, E. M. (2010). Evaluation of group intervention for mothers/caretakers of kindergarten children with externalizing behavioral problems. *Interamerican Journal of Psychology, 44*, 411-417.

Bolsoni-Silva, A. T., Del Prette, Z. A. P., Del Prette, G., Montanher, A. R., Bandeira, M., & Del Prette, A. (2006). A área das habilidades sociais no

Brasil: Uma análise dos estudos publicados em periódicos. In M. Bandeira, Z. Del Prette & A. Del Prette (Orgs.), *Estudos sobre habilidades sociais e relacionamento interpessoal* (pp. 17-45). São Paulo: Casa do Psicólogo.

Bolsoni-Silva, A. T., Silveira, F. F., & Campos, D. R. (2008). Avaliação dos efeitos de uma intervenção com cuidadoras: Contribuições do THS. *Contextos Clínicos, 1*, 19-27.

Braz, A., Del Prette, A., & Del Prette, Z. A. P. (2011). An assertive social-skills training for the elderly: Evaluation under a placebo design. *Psicología Conductual*, no prelo.

Castonguay, L. G., & Beutler, L. E. (2006). Principles of therapeutic change: A task force on participants, relationships and techniques factors. *Journal of Clinical Psychology*, 62, 631-638.

Chambless, D. L., Sanderson, W. C., Shoham, V., Bennett Johnson, S., Pope, K. S., Crits-Christoph, P., et al. (1996). An update on empirically validated therapies. *The Clinical Psychologist*, 49, 5-18. Recuperado em 17 de setembro de 2010, de http://www.apa.org/divisions/div12/est/newrpt.pdf

Chambless, D. L., & Hollon, S. D. (1998). Defining empirically supported therapies. *Journal of Consulting and Clinical Psychology*, 66, 7-18.

Cook, C. R., Gresham, F. M., Kern, L., Barreras, R. B., Thornton, S., & Crews, S. D. (2008). Social skills training with secondary EBD students: A review and analysis of the meta-analytic literature. *Journal of Emotional and Behavioral Disorders, 16, 131-144.*

Cozby, P. C. (2003). *Métodos de pesquisa em ciências do comportamento* (P. I. Gomide & E. Otta, trads.). São Paulo: Atlas.

Del Prette, A., & Del Prette, Z. A. P. (2001). *Psicologia das relações interpessoais: Vivências para um trabalho em grupo*. Petrópolis: Vozes.

Del Prette, A., & Del Prette, Z. A. P. (2005). A importância das tarefas de casa como procedimento para a generalização e validação do treinamento de habilidades sociais. In J. H. Guilhardi & N. C. Aguirre (Orgs.), *Primeiros passos em Análise do Comportamento e Cognição* (pp. 67-74). Santo André: ESETec.

Del Prette, A., & Del Prette, Z. A. P. (2010). Programa vivencial de habilidades sociais: Características sob a perspectiva da análise do comportamento.

In M. R. Garcia, P. R. Abreu, E. N. P. de Cillo, P. B. Faleiros & P. Piazzon (Orgs.), *Sobre comportamento e cognição: Terapia comportamental e cognitivas* (pp. 127-150). Santo André: ESETec.

Del Prette, Z.A. P. & Del Prette, A. (1999). *Psicologia das Habilidades Sociais: Terapia e Educação*. Petrópolis: Vozes.

Del Prette, Z. A. P., & Del Prette, A. (2002). Transtornos psicológicos e habilidades sociais. In H. J. Guilhardi, M. B. B. Madi, P. P. Queiroz & M. C. Scoz (Orgs.), *Sobre comportamento e cognição: Contribuições para a construção da teoria do comportamento* (pp. 377-386). Santo André: ESETec.

Del Prette, Z. A. P., & Del Prette, A. (2005). Psicologia *das habilidades sociais na infância: Teoria e Prática*. Petrópolis: Vozes.

Del Prette, Z. A. P., & Del Prette, A. (2006). Avaliação muldimodal de habilidades sociais em crianças: Procedimentos, instrumentos e indicadores. In M. Bandeira, Z. Del Prette & A. Del Prette (Orgs.), *Estudos sobre habilidades sociais e relacionamento interpessoal* (pp. 47-68). São Paulo: Casa do Psicólogo.

Del Prette, Z. A. P., & Del Prette, A. (2008a). Significância clínica e mudança confiável: A efetividade das intervenções em psicologia. *Psicologia: Teoria e Pesquisa, 24*(4), 105-114.

Del Prette, Z. A. P., & Del Prette, A. (2008b). Um sistema de categorias de habilidades sociais educativas. *Paidéia: Cadernos de Psicologia e Educação, 18*(41), 517-530.

Del Prette, Z. A. P., Del Prette, A., & Barreto, M. C. M (1999). Habilidades sociales en la formación del psicólogo: Análisis de un programa de intervención. *Psicologia Conductual, 7*(1), 27-47.

Del Prette, Z. A. P., Falcone, E. M. O., & Murta, S. G. (2011). Contribuições do campo das habilidades sociais para a compreensão, prevenção e tratamento dos transtornos de personalidade. In L. F. Carvalho & R. Primi (Orgs.), *Perspectivas em Psicologia dos Transtornos da Personalidade: Teoria e prática*. São Paulo: Casa do Psicólogo, no prelo.

Falcone, E. (1999). A avaliação de um programa de treinamento da empatia com universitários. *Revista Brasileira de Terapia Comportamental e Cognitiva, 1*, 23-32.

Falcone, E. M. O., & Azevedo, V. S. (2006). Um estudo sobre a reação de terapeutas cognitivo-comportamentais frente à resistência de pacientes difíceis. In E. F. F. M. Silvares (Org.), *Atendimento psicológico em clínicas--escola* (pp. 159-184). Campinas: Editora Alínea.

Fumo, V. M. S., Manolio, C. L., Bello, S., & Hayashi, M. C. P. I. (2009). Produção científica em habilidades sociais: Estudo bibliométrico. *Revista Brasileira de Terapia Comportamental e Cognitiva, 11*(2), 246-266.

Goodheart, C. D., Kazdin, A. E., & Sternberg, R. J. (Eds.). (2006). *Evidence-based psychotherapy: Where practice and research meet*. Washington: APA.

Gresham, F. M. (1989). Assessment of treatment integrity in school consultation and prereferral intervention. *School Psychology Review, 18*, 37-50.

Gresham, F. M. (2009). Análise do comportamento aplicada às habilidades sociais. In Z. Del Prette & A. Del Prette (Orgs), *Psicologia das Habilidades Sociais: diversidade teórica e suas implicações* (pp. 17-66). Petrópolis: Vozes.

Kazdin, A. E. (2003). *Research design in clinical psychology* (4th ed.). Boston: Allyn & Bacon.

Kazdin, A. E., & Weiss, J. R. (2003). Assessment and evaluation of interventions. In A. E. Kazdin (Ed.), *Evidence-based psychotherapies for children and adolescents* (pp. 408-435). New York: Guilford Press.

Losel, F., & Beelmann, A. (2003). Effects of child skills training in preventing antisocial behavior: A systematic review of randomized evaluations. *Annals AAPSS, 857*, 84-109.

Magalhães, K. A., Luzia, J. C., & Dalmas, J. C. (2004). Análise correlacional entre repertório em habilidades sociais em terapeutas iniciantes e o estabelecimento da relação terapêutica. In M. Z. S. Brandão, F. C. S., Conte, F. S., Brandão, Y. K., Ingberman, C. B., Moura, V. M., Silva & S. M., Oliane. (Orgs.), *Sobre comportamento e cognição: Contingências e metacontigências: Contextos sócio-verbais e comportamento do terapeuta* (Vol. 13, pp. 391-401). Santo André, ESETec.

Mitsi, C. A., Silveira, J. M., & Costa, C. E. (2004). Treinamento de habilidades sociais no tratamento do Transtorno Obsessivo-Compulsivo: um levantamento bibliográfico. *Revista Brasileira de Terapia Comportamental e Cognitiva, 6*(1), 49-59.

Murta, S. G. (2005). Aplicações do treinamento em habilidades sociais: Análise da produção nacional. *Psicologia: Reflexão e Crítica, 18*(2), 283-291.

Neno, S. (2005). *Tratamento padronizado: Condicionantes históricos, status contemporâneo e (in)compatibilidade com a terapia analítico-comportamental*. Tese de doutorado, Programa de Pós-Graduação em Teoria e Pesquisa do Comportamento, Universidade Federal do Pará, Belém.

Nilsson, N. S. P., Suarez, A. B., & Olaz, F. O. (s.d.). *Estudio bibliométrico de las publicaciones científicas sobre el área de habilidades sociales en América Latina*. Manuscrito submetido à publicação, disponível com os autores.

Norcross, J. C. (Ed.). (2002). *Psychotherapy relationships that work: Therapist contributions and responsiveness to patient needs*. New York: Oxford University Press.

Norcross, J. C., & Hill, C. E. (2004). Empirically supported therapy relationships. *The Clinical Psychologist, 57*(3), 19-24.

O'Donohue, W., & Krasner, L. (1995). Psychological skills training. In W. O' Donohue & L. Krasner (Eds.), *Handbook of Psychological Skills Training* (pp. 1-19). London: Allyn and Bacon.

Pinheiro, M. I. S., Haase, V. G., Del Prette, A., Amarante, C. L. D., & Del Prette, Z. A. P. (2006). Treinamento de habilidades sociais educativas para pais de crianças com problemas de comportamento. *Psicologia: Reflexão e Crítica, 19*(3), 407-414.

Quinn, M., Kavale, K., Mathur, S., Rutherford, R., & Forness, S. (1999). A meta-analysis of social skill interventions for students with emotional and behavioral disorders. *Journal of Emotional and Behavioral Disorders, 7*, 54-64.

Rocha, M. M., Del Prette, Z. A. P., & Del Prette, A. (2008). Placebo na pesquisa psicológica: Algumas questões conceituais, metodológicas e éticas. *Revista Brasileira de Terapias Cognitivas, 4*, 39-55.

Rodrigues, V. S., & Oliveira, M. S. (2010). Habilidades sociales y ansiedad social en fumadores y no fumadores. *Psicología Conductual, 28*, 183-195.

Segrin, C. (2000). Social skills deficits associated with depression. *Clinical Psychology Review, 20*, 379-403.

Segrin, C., & Flora, J. (2000). Poor social skills are a vulnerability factor in the development of psychosocial problems. *Human Communication Research*, 26, 489-514.

Seligman, M. E. P. (1995). The effectiveness of psychotherapy: The Consumer Report study. *American Psychologist*, 40, 965-974.

Silveira, F. F., Bolsoni-Silva, A. T., & Meyer, S. B. (2010). Therapist´s directive and nondirective behavior: Analysis of their effects in a group intervention with caregivers. *International Journal of Behavioral and Consultation Therapy*, 6, 124-133.

Wagner, M. F., Silva, J. G., Zanetello, L., & Oliveira, M. S. (2010). O uso da maconha associado ao déficit de habilidades sociais em adolescentes. SMAD, *Revista Eletrônica Saúde Mental Álcool e Drogas* 6(3), 255-273.

3

Aproximando ciência e comunidade: Difusão de programas de habilidades sociais baseados em evidências

Sheila Giardini Murta

Os pesquisadores que lidam com o desenvolvimento de programas de prevenção e promoção de saúde buscam, como regra geral, afetar positivamente a sociedade, promovendo melhorias na qualidade de vida da população por meio de suas intervenções teoricamente embasadas, sistematicamente planejadas, cuidadosamente implementadas e rigorosamente avaliadas. Programas construídos conforme esse padrão, avaliados por meio de **delineamentos experimentais ou quase experimentais**, e que se mostram **eficazes e efetivos** (Kellam & Langevin, 2003), estariam prontos para ser **replicados** em larga escala e inseridos em serviços e políticas públicas. O impacto sobre a qualidade de vida da população, derivado do conhecimento científico, será tanto maior quanto maior for a **disseminação** ou a transferência deste conhecimento para a comunidade (King, Hawe, & Wise, 1998).

Todavia, a transferência de conhecimentos produzidos cientificamente para os serviços e políticas públicas não é um processo automático, espontâneo e natural. Não basta que o conhecimento exista para que ele seja consumido pela sociedade. Um **esforço integrado** e colaborativo precisa ser feito entre **cientistas** (que produzem programas com evidências de eficácia e efetividade), **gestores** (que administram serviços privados ou públicos de longo alcance, como em níveis organizacional, municipal, estadual ou federal) e **profissionais** (que atendem diretamente aos usuários dos serviços, frequentemente em equipes multiprofissionais), para que a comunidade passe a usufruir práticas baseadas em evidências. Sem essa interlocução, todos perdem: **a ciência**, ao deixar a disseminação à própria sorte, eventual, assistemática e com sua efetividade comprometida ou, pior ainda, mantendo o conhecimento restrito aos pares do mundo acadêmico e aos veículos de publicação especializados; **o usuário**, ao deixar de ter acesso a serviços que lhe seriam altamente benéficos; e **o país**, ao subutilizar os recursos públicos e investir em produção científica e em serviços de saúde (ou educacionais, sociais, jurídicos ou outros) que não atingem seu potencial máximo e finalidade última, que é promover a qualidade de vida e o bem-estar das pessoas.

A difusão consiste na transferência de tecnologias inovadoras, produzidas pela pesquisa, para a sociedade, tendo em vista a sua utilização em larga escala (Kellam & Langevin, 2003; Pentz, 2004). Everett Rogers, autor da **Teoria da Difusão de Inovações** (1995), assim nomeia e define os estágios da difusão de inovações, nesta ordem:

- **Adoção**, definida como a escolha, pelo novo contexto, de um programa já testado e embasado em evidências (por exemplo, a Secretaria de Educação de um dado município toma a decisão de adotar um programa de habilidades sociais no ensino fundamental da cidade).

- **Implementação**, que se refere à inserção do programa adotado no novo contexto, organização ou serviço, de acordo com os padrões de qualidade estabelecidos no programa original (por exemplo, o programa de habilidades sociais adotado é conduzido em três escolas localizadas num mesmo bairro).
- **Disseminação**, ou expansão do programa para novos serviços dentro do sistema em que o programa foi implementado (por exemplo, o programa de habilidades sociais é estendido para todas as escolas de ensino fundamental da cidade).
- **Sustentabilidade**, quando o programa disseminado é mantido, mesmo após o término ou retirada dos investimentos financeiros iniciais (por exemplo, o programa permanece quando a verba para capacitação de professores e para a compra de material já foi encerrada).

A sustentabilidade pode preceder a disseminação, quando se almeja que um programa tenha continuidade no sistema em que foi inicialmente implementado para posterior disseminação fora desse sistema (por exemplo, o programa de habilidades sociais implementado nas escolas é mantido por cinco anos e, após experiência bem-sucedida, é disseminado para os serviços situados nas políticas sociais, como o Programa de Erradicação do Trabalho Infantil).

À semelhança de outras tecnologias psicossociais, os **programas de habilidades sociais** que tiveram sua eficácia e efetividade comprovadas devem ser transferidos para uso da comunidade, replicados em larga escala e sustentados ao longo do tempo com benefícios para os usuários.

Propõe-se que esta cadeia complexa de difusão de programas baseados em evidências – adoção, implementação, disseminação e sustentabilidade – seja também aplicada aos programas de habilidades sociais. Adicionalmente, será argumentado, como apontado por alguns autores (Elliot & Mihalic, 2004; Kellam & Langevin, 2003; Pentz, 2004) de modo consensual, que o processo de difusão deve ser também alvo de pesquisa rigorosa, tal como são as etapas prévias, ou seja, os estudos de eficácia e efetividade.

A análise da literatura especializada mostra que, nesta última década, um esforço crescente vem sendo feito para a identificação de programas preventivos baseados em evidências e em sua difusão para contextos de saúde (Byrnes, Miller, Aalborg, Plasencia, & Keagy, 2010) e, sobretudo, educacionais (Fagan, Hanson, Hawkins, & Arthur, 2008; Greenberg, 2004; Ozer, Wanis, & Bazell, 2010; Payne & Eckert, 2010; Rohrbach, Gunning, Sun, & Sussman, 2010; Tibbits, Bumbarger, Kyler, & Perkins, 2010). Isso vem ocorrendo principalmente nos Estados Unidos, onde órgãos públicos federais têm custeado a difusão de programas preventivos baseados em evidências (Tibbits *et al.*, 2010), em detrimento de programas que não foram ainda suficientemente testados. No Brasil, é bastante limitada a produção de conhecimentos sobre o tema. Uma iniciativa pioneira foi feita recentemente por Melo (2010), ao conduzir um estudo de avaliação dos resultados da disseminação de um programa de educação emocional em seis escolas de São Paulo.

No campo teórico-prático das habilidades sociais, são escassos os estudos sobre a difusão de programas exclusivamente focados no treinamento dessas habilidades. Contudo, a literatura em prevenção e promoção de saúde mental tem descrito estudos sobre a difusão de programas preventivos que, comumente, incluem entre seus componentes o treinamento de habilidades sociais, como é o caso de habilidades sociais assertivas de recusa às drogas em programas para adolescentes (Ennett *et al.*, 2003; Rohrbach *et al.*, 2010; Sloboda *et al.*, 2009). Essa literatura foi utilizada na construção deste capítulo, que aborda a difusão de programas de habilidades sociais com evidências de eficácia e efetividade para a comunidade e busca oferecer subsídios para a adoção, a implementação, a disseminação e a sustentabilidade de tais programas. Assim, objetiva-se responder às seguintes perguntas:

1. Que **condições** devem ser atendidas antes que os programas de habilidades sociais sejam replicados em larga escala na comunidade?
2. Que **barreiras** podem existir na transferência dos programas de habilidades sociais avaliados em condições de alto rigor científico para a comunidade?
3. Como **superar** tais barreiras e o que fazer para que os programas de habilidades sociais com evidências de efetividade possam ser usados na comunidade?
4. E, se forem usados, como assegurar que serão **implementados** com a qualidade suficiente para que não percam sua efetividade?
5. E, se forem implementados com qualidade, como assegurar que seu **uso seja continuado** ao longo do tempo com benefícios para a sociedade?

Que condições devem ser atendidas antes da replicação em larga escala dos programas em habilidades sociais na comunidade?

A transferência de um programa de habilidades sociais para sistemas mais abrangentes do que aqueles em que foi originalmente testado, supõe um trabalho complexo e árduo que requer equipes competentes para gestão, *marketing*, produção de protocolos e de manuais e pesquisa colaborativa envolvendo os diferentes atores da comunidade-alvo (Rotheram-Borus & Duan, 2003). Portanto, deve haver uma disponibilidade das equipes de pesquisa em habilidades sociais para que estas se ampliem e agreguem novos integrantes ao grupo, a fim de se estabelecerem alianças que ultrapassem a universidade, com gestores públicos, gestores de serviços privados e profissionais responsáveis por serviços diversos.

Além da preparação da equipe de pesquisa, cuidados com o programa propriamente dito devem ser tomados. Antes que um dado programa seja difundido para novos contextos, diversos **pré-requisitos** devem ser observados (Elliot & Mihalic, 2004), ou seja:

- o programa deve ter **evidências de eficácia e efetividade**, avaliadas por meio de estudos experimentais e de **protocolos** publicados, permitindo a replicação de procedimentos;
- deve ser feito um *marketing* do programa com vistas à sua **divulgação** para serviços consumidores potenciais, visando à sua adoção;
- as **necessidades, os recursos e as barreiras da comunidade-alvo devem ser avaliados** anteriormente à implementação

do programa; uma vez adotado, a equipe local que o implementará deve ser treinada;

- tutores e assistentes técnicos devem ser **capacitados para monitorar** a implementação do programa no novo contexto;
- cuidados devem ser estabelecidos para favorecer a **realização do programa com fidelidade** (isto é, os coordenadores devem conduzir a intervenção tal como planejada na versão original do programa);
- medidas de **avaliação de processo** do programa devem ter sido desenvolvidas e monitoradas; e
- um sistema de **armazenamento dos dados coletados** em cada uma destas etapas deve ser desenvolvido.

Tendo sido já construídos estes pré-requisitos, pode-se colocar em curso o processo de difusão do programa. Este envolve as seguintes etapas (King *et al.*, 1998): **divulgação** do novo programa; **persuasão** do público-alvo sobre a relevância e a aplicabilidade do programa; **decisão** pelo público-alvo de adotar o programa; **mudança em práticas de trabalho** para acolher e implementar o novo programa, e **manutenção** do programa ao longo do tempo.

Que barreiras podem existir na transferência dos programas de habilidades sociais para a comunidade?

De acordo com a Teoria de Difusão de Inovações, de Everett Rogers (1995), existem quatro elementos que influenciam o processo de difusão de inovações (Philliber & Nolte, 2008):

- A **inovação propriamente dita**, seus atributos percebidos, vantagens e desvantagens percebidas, consistência com valores de quem vai adotá-la e complexidade.
- Os **meios de comunicação** utilizados para divulgar o programa e estabelecer trocas entre os vários atores envolvidos no desenvolvimento e adoção do programa.
- O **tempo requerido** para aprender sobre a nova tecnologia e **tomada de decisão** para sua implementação em novos contextos.
- O **sistema social** no qual a inovação será inserida, incluindo indivíduos, grupos e organizações que irão trabalhar conjuntamente para concretizar a adoção do programa.

Esses elementos podem manter entre si diferentes combinações, favorecendo ou prejudicando a difusão de inovações, nas suas várias etapas, ou seja, adoção, implementação, disseminação e sustentabilidade. Pentz (2004) aponta como **barreiras para a adoção** a ausência de publicações e **protocolos** sobre o programa que permitam replicação, problemas na **tomada de decisão** por parte do serviço receptor do programa e **infraestrutura** inadequada ou insuficiente. Além disso, configura-se também barreira quando o programa é percebido pelos atores envolvidos na adoção, gestores ou facilitadores em potencial, como longo, caro, trabalhoso e complexo (McLennan, MacMillan, & Jameson, 2004). A essas barreiras podem ser adicionadas outras: (a) **da parte do pesquisador**, como dificuldade de **identificação de políticas públicas** capazes de abrigar o programa por ele desenvolvido; (b) **da parte das políticas públicas**, inexistência de editais de fomento que façam uso de critérios de eficácia e efetividade para que um dado programa seja custeado por verba pública.

Ainda que a **pesquisa acadêmica** esteja sujeita a muitas dificuldades, as barreiras relativas à implementação do programa contrastam com as condições de realização de programas de habilidades sociais usualmente presentes no contexto acadêmico. Neste universo, o desenvolvimento de programas de habilidades sociais costuma contar com condições mais próximas do ideal: **profissionais** motivados, disponíveis e treinados (como doutorandos e mestrandos); **supervisores** experientes que monitoram regularmente o andamento da pesquisa (como orientadores de programas de pós-graduação); **recursos** financeiros que viabilizam a aquisição de **materiais** para a intervenção, **instrumentos** para a avaliação e **equipamentos** para o armazenamento e análise dos dados. Em geral, o fator **tempo** também é favorável, com cronogramas de pesquisa acadêmica que comportam testes-pilotos e refinamentos sucessivos, além de disponibilização de literatura especializada para consulta.

Diferentemente disso, na comunidade, tais condições podem não ocorrer, ou ocorrer apenas em parte. Ademais, novos desafios e novas demandas talvez se façam notados, inexistentes para o pesquisador na academia. Por isso, podem existir inúmeras barreiras na transferência dos programas de habilidades sociais para a comunidade. Pentz (2004) aponta como barreiras para a implementação do programa na comunidade a falta de treinamento, o suporte inadequado, a rotatividade da equipe, a implementação sem fidelidade com reinvenção do programa ou adaptações não planejadas, que comprometem seus ingredientes críticos (os componentes centrais que são responsáveis pelos efeitos do programa). O mesmo autor aponta como barreiras para a disseminação a ausência de comunicação entre os autores do programa e os coordenadores do programa em serviço, a falta de redes para troca de experiências sobre o programa, o treinamento inadequado e a supervisão insuficiente para monitorar o andamento da disseminação. Por fim, Pentz (2004) aponta barreiras para a sustentabilidade, como falta de pessoal treinado para gerenciar o programa, incluindo a gestão financeira, e a falta de fundos.

É válido lembrar que alguns dos programas de habilidades sociais descritos neste livro tiveram sua eficácia testada na comunidade e não em laboratórios. Portanto, desde o início de sua construção, já enfrentam parte dos desafios da disseminação.

Como superar tais barreiras e o que fazer para que os programas de habilidades sociais com evidências de efetividade possam ser usados na comunidade?

Estas barreiras podem ser superadas por meio de diversas ações dirigidas à equipe de pesquisa, ao programa, aos facilitadores que serão os responsáveis pela implementação do programa no novo contexto e à relação de colaboração entre os autores do programa e os seus receptores.

No primeiro aspecto, a **equipe de pesquisa** deve fortalecer sua interlocução com as políticas públicas e identificar contextos para os quais o programa desenvolvido poderia ser difundido (Elliott & Mihalic, 2004). Programas de habilidades sociais podem ser utilizados em larga escala em serviços inseridos em políticas públicas nas mais diversas áreas, tais como: assistência social (por exemplo, Centro de Referência em Assistência Social); saúde (por exemplo, centros de Atenção Psicossocial a Crianças e Adolescentes); educação (por exemplo, Programa Saúde e Prevenção nas Escolas); direitos humanos (por exemplo, Programa Brasil sem Homofobia) e cultura (em programas que promovem a tolerância à diversidade). Sessões de apresentação do programa para os gestores que nele atuarão (em níveis corporativo, municipal, estadual ou federal) podem ser organizadas para que isso possa influenciar sua tomada de decisão e envolvimento, em etapas posteriores, com o programa. Além disso, a consulta regular a editais de apoio dos órgãos gestores (como a Secretaria Nacional Antidrogas, Secretaria Nacional de Direitos Humanos e Secretaria de Políticas para as Mulheres) pode indicar oportunidades para se propor a difusão de programas de habilidades sociais.

No segundo aspecto, **materiais que permitam a replicação** precisam ser cuidadosamente construídos, incluindo guias para **adaptações** do programa em novos contextos, pois são indispensáveis na difusão de programas de habilidades sociais. Além de manuais, outros recursos materiais necessários para a implementação e a difusão do programa precisam ser providenciados (em geral de baixo custo, como material de papelaria).

No terceiro aspecto, um **treinamento inicial de facilitadores** precisa ser conduzido para que sejam capacitados a implementar o programa de modo a seguir seus componentes críticos e atender às necessidades contextuais. Tal capacitação deve abordar os fundamentos conceituais e o método de intervenção, prevendo já possíveis variações no procedimento, as quais facilitariam sua aceitação pelos usuários do programa, sem prejudicar sua fidelidade (Pentz, 2004; Philliber & Nolte, 2008; King *et al.*, 1998;

Rotheram-Borus & Duan, 2003). Na prática, o treinamento dos facilitadores pode enfrentar diversos desafios, como absenteísmo e rotatividade dos membros da equipe (Elliot & Mihalic, 2004), ou ainda a falta de carga horária disponível para treinamento, como é o caso de professores de escolas públicas de ensino fundamental, os quais muitas vezes trabalham em várias instituições e não são remunerados por horas de planejamento, o que pode influenciar na sua motivação e no seu engajamento no programa.

Em último lugar, mas não menos importante, diversos **canais de comunicação** devem ser construídos **entre a equipe autora do programa e os atores sociais** envolvidos na sua utilização na comunidade (Kellam & Langevin, 2003; King *et al.*, 1998). Tal comunicação deve ter início até mesmo antes da adoção do programa. Nesse sentido, é recomendável a divulgação do conhecimento científico por meios variados (além de congressos e veículos especializados), como sítios na internet, programas de rádio e feiras de ciência. Após a adoção do programa, os autores e receptores dele precisam trabalhar colaborativamente para uma adequada identificação de necessidades, recursos e obstáculos presentes na comunidade, o que pode maximizar as chances de implementação e disseminação bem-sucedidas do programa (Philliber & Nolte, 2008). Esta comunicação deve manter-se visando à supervisão para monitorar o andamento da disseminação e da sustentabilidade do programa.

E, se forem usados, como assegurar que os programas de habilidades sociais serão implementados e disseminados com a qualidade suficiente para que não percam sua efetividade?

A implementação, na comunidade, de programas que se mostraram bem-sucedidos em contextos de pesquisa está sujeita a inúmeros obstáculos que podem influenciar na qualidade da implementação e, por consequência, na efetividade do programa. Logo, a efetividade de programas de habilidades sociais, como de quaisquer outros, alcançada em ambientes controlados, pode ou não se manter quando de sua transferência para novos ambientes. Assegurar tal efetividade no novo contexto é o principal desafio nesta etapa da difusão de programas inovadores (Rohrbach *et al.*, 2010; Sloboba *et al.*, 2009). Desse modo, diversos cuidados precisam ser tomados para que o programa seja **implementado sem perder seus componentes críticos e sem comprometer a qualidade da implementação.** Esta se refere a "quão bem uma inovação é conduzida na prática" (Payne & Eckert, 2010, p. 126).

Nos últimos anos, diversas publicações têm se ocupado em discutir a "qualidade da implementação" como determinante central da efetividade de programas transferidos para a comunidade (Dusenbury, Branningan, Falco, & Hansen, 2003; Dusenbury, Branningan, Hansen, Walsh, & Falco, 2005; Elliot & Mihalic, 2004; Fagan *et al.*, 2008; Ozer *et al.*, 2010; Payne & Eckert, 2010). No que diz respeito especificamente a **programas preventivos em escolas**, Payne e Eckert (2010) discutem **duas classes de preditores da qualidade da implementação**:

- Os situados no âmbito **do programa**: as características dos coordenadores do programa (experiência prévia, motivação e habilidades de liderança) e as características da estrutura do programa (manualização de procedimentos, treinamento e supervisão).
- Os **referentes** à **escola**: compreendem o clima da escola (apoio da direção e capacidade organizacional) e os fatores estruturais da escola e da comunidade (estabilidade de recursos humanos e materiais na escola e pobreza da comunidade).

Dado que diversos programas de habilidades sociais deste livro foram testados em ambientes educacionais e comunitários, experiências futuras de implementação e disseminação deverão cuidar do material, do treinamento e da supervisão oferecidos aos facilitadores.

Considerando essas classes de preditores, Payne e Eckert (2010) fizeram um estudo correlacional para avaliar preditores da qualidade da implementação de programas de prevenção à delinquência, em uma amostra de 3.730 facilitadores distribuídos em 544 escolas receptoras estadunidenses. Os autores identificaram como principais preditores da qualidade da implementação (definida como "intensidade da implementação" e medida pelo número, pela frequência e pela duração das sessões e também pela frequência de participação do aluno) os fatores **relativos** à **estrutura do programa**. Em geral, as escolas que adotaram programas manualizados, que contaram com treinamento de alta qualidade, supervisão continuada e inseriram o programa nas atividades curriculares tiveram implementações com intensidade mais adequada do que as escolas que não contaram com tais condições.

Independente do contexto da implementação, se educacional ou não, Dusenbury *et al.* (2005) apresentam os seguintes fatores que afetam a qualidade da implementação:

- **dosagem ou exposição ao programa**, avaliada por meio de sua duração, em número de sessões e em horas de intervenção;
- adaptação ou modificação das atividades do programa para que atendam às necessidades e às demandas culturais sem mutilar os seus componentes críticos;
- **adesão** ou seguimento dos procedimentos e métodos previstos em manuais do programa;
- **qualidade do processo**, definido como o engajamento e a participação dos usuários nas atividades;
- atitudes dos coordenadores em relação ao programa;
- **compreensão** dos coordenadores sobre os conceitos que fundamentam o programa e a sua experiência prévia.

Em programas de habilidades sociais, a qualidade do processo está também associada às **habilidades sociais educativas** (conforme definidas por Del Prette e Del Prette, 2008) dos coordenadores e à qualidade de sua interação com os usuários do programa. Um estudo de Sale, Bellamy, Springer e Wang (2008) encontrou evidências de que os adolescentes com ganhos mais expressivos em um programa de treinamento de habilidades sociais foram aqueles em que os coordenadores estabeleceram relações mais positivas com os jovens.

Essa relação positiva pressupõe uma comunicação adequada entre coordenador e usuário. Em **programas de habilidades sociais vivenciais com crianças**, Del Prette e Del Prette (2005) recomendam ao coordenador:

- estabelecer regras no grupo;
- reforçar o seguimento de normas no grupo;
- dar instruções claras;
- não punir desempenhos inapropriados;
- comparar as crianças consigo mesmas enfatizando seus progressos (em vez de compará-las com seus pares).

As habilidades sociais educativas dos coordenadores e outras variáveis relativas à qualidade da implementação estão no Anexo 1, em um instrumento usado em programas de ensino de habilidades de vida para adolescentes (Murta *et al.*, 2010). Esse instrumento pode ser utilizado pelo facilitador ou por observador externo como um roteiro para observação da qualidade da implementação.

A **avaliação da qualidade da implementação** tem sido feita por meio da observação direta do comportamento dos coordenadores na interação com os usuários das intervenções (Byrnes *et al.*, 2010; Dusenbury *et al.*, 2005; Rohrbach *et al.*, 2010; Sloboba *et al.*, 2009) e entrevistas com os coordenadores (Dusenbury *et al.*, 2005). Por exemplo, Dusenbury *et al.* (2005) desenvolveram escalas para que observadores treinados pontuassem o desempenho de onze professores que atuaram como coordenadores em um programa de ensino de habilidades de vida para prevenção ao abuso de drogas entre adolescentes em escolas. Estas escalas abordavam: a **adesão**

aos objetivos do programa (com seis itens que avaliavam se os objetivos e o foco da sessão haviam sido cobertos); a **qualidade do processo**, incluindo como a sessão foi conduzida e recebida (com as dimensões interatividade professor-aluno, entusiasmo do professor, comunicação do professor referente aos objetivos e às metas, envolvimento do aluno, atenção do aluno e expressão de opiniões pelo aluno); e a **adaptação das atividades** do manual (se foram modificadas ou não, quantas modificações ocorreram e se foram prejudiciais ou positivas).

Dusenbury *et al.* (2005) desenvolveram também roteiros de entrevista para avaliar as **atitudes dos professores acerca do programa** (pontos fortes e fracos, pertinência ao currículo e satisfação com o programa), sua **compreensão dos conceitos subjacentes** ao programa e sua **experiência prévia** no ensino de conteúdos preventivos e em habilidades de vida. Neste estudo, constataram que todos os professores fizeram adaptações nas atividades e que houve variabilidade na adesão e na qualidade da implementação entre eles, sendo que os profissionais mais experientes foram os que mais aderiram ao programa, fizeram adaptações mais positivas, implementaram as atividades de modo mais interativo, promovendo melhor participação dos alunos, e comunicaram mais adequadamente as metas e os objetivos do programa. Assim, a competência do professor parece ter sido afetada por seu treino anterior. Na mesma linha do estudo de Payne e Eckert (2010), este achado sugere que investimentos no treinamento do professor são decisivos para a qualidade da implementação.

A questão crucial para a qualidade da implementação, entretanto, não é se **adaptações** ocorrem ou não, mas sim **como elas são feitas**. Isso encontra apoio em uma revisão sistemática da literatura sobre fidelidade da implementação (Dusenbury *et al.*, 2003), que mostrou ser a adaptação mais comum do que a fidelidade na implementação de programas preventivos. A literatura especializada evidencia **duas vertentes na discussão sobre a adaptação** do programa quando de sua implementação em larga escala: por um lado, considera-se a adaptação como necessária para o desenvolvimento de atividades culturalmente sensíveis (King *et al.*, 1998; Reese & Vera, 2007) e, por outro lado, argumenta-se que a adaptação consiste numa ameaça à fidelidade da implementação quando o programa é reinventado a ponto de ser esvaziado de seus componentes críticos (Elliot & Mihalic, 2004; Dusenbury *et al.*, 2003; Pentz, 2004).

Dado que existem diferenças culturais entre as regiões brasileiras, entre centros urbanos e regiões rurais, entre escolas públicas e privadas, entre pessoas de diferentes gerações e assim por diante, são justificadas as modificações nas atividades dos programas de habilidades sociais descritos nesta obra. Contudo, **estas mudanças não podem perder de vista os objetivos das atividades e os princípios éticos que as fundamentam.** Uma implementação adequada deve respeitar os objetivos das atividades e aproximar-se mais de uma "adaptação embasada" (guiada pelos ingredientes críticos do programa) do que de uma "reinvenção livre" (negligente em relação aos componentes críticos do programa). A adaptação embasada respeitaria a fidelidade do programa (muda-se a forma, mas não o objetivo) e o tornaria mais provável de ser efetivo no novo contexto.

E, se for implementado com qualidade, como assegurar que o uso dos programas de habilidades sociais seja continuado ao longo do tempo com benefícios para a sociedade?

A sustentabilidade dos programas de habilidades sociais na comunidade é o último passo na cadeia da difusão deles. Esta é a **meta final da difusão** de programas em saúde: que estes sobrevivam e se mantenham nos novos contextos em que foram disseminados, gerando benefícios para os usuários. A **sustentabilidade** é definida como a continuidade do programa por um largo período de tempo, mesmo após a retirada dos recursos, humanos e financeiros, que viabilizaram sua implementação inicial (Shediac-Rizkallah & Bone, 1998). Estudos empíricos que avaliem a sustentabilidade de programas de habilidades sociais na comunidade são, conforme nosso conhecimento, inexistentes. Mesmo os estudos que avaliam a sustentabilidade de programas preventivos em saúde mental são escassos (Shediac-Rizkallah & Bone, 1998; Tibbits *et al.*, 2010).

Do ponto de vista conceitual, diversos **fatores** têm sido considerados como influentes na sustentabilidade do programa (Tibbits *et al.*, 2010), tais como:

- a prontidão da comunidade para receber o novo programa;
- as relações de colaboração e as alianças entre os responsáveis pela disseminação do programa e os equipamentos sociais existentes na comunidade;
- a qualidade do treinamento e da assistência técnica;
- o planejamento de sustentabilidade financeira do programa feito no início de sua disseminação.

A **prontidão da comunidade** inclui: a motivação da organização ou do serviço para a mudança (decorrente da percepção de utilidade do programa, de sua efetividade e de sua coerência com as diretrizes do serviço ou organização); a capacidade organizacional para implementar a mudança (equipe treinada, capacitada para manejar recursos humanos e financeiros e para trabalhar rumo a metas); o apoio das lideranças da organização (como diretores e coordenadores de escolas) e o alinhamento com necessidades, valores e metas do serviço ou organização. Assim sendo, pode prever-se que, para se manterem na comunidade, os programas de habilidades sociais deverão ser percebidos como relevantes, viáveis, efetivos, ter custo suportável e ser coerentes com as metas do serviço; deverão contar com boa capacidade organizacional para gerenciamento deles e com o envolvimento dos gestores.

Além da prontidão do serviço ou organização, Tibbits *et al.* (2010) apontam evidências de estudos prévios de que os programas que estabeleceram **alianças com a rede social** em que o serviço receptor do programa está inserido foram mais bem-sucedidos em sua sustentabilidade. Como implicação destes resultados, os responsáveis pela transferência do programa para um novo serviço devem dedicar-se a localizar equipamentos sociais e lideranças existentes na comunidade (como unidades básicas de saúde, centros de referência em assistência social, associações comunitárias, rádios comunitárias e igrejas) e estabelecer com elas relações de colaboração.

Um terceiro componente discutido por Tibbits *et al.* (2010) é a qualidade do **treinamento e da assistência técnica** oferecidos por ocasião da implementação da intervenção. Treinamento adequado e suficiente, material adequado e assistência técnica personalizada afetam a competência, a motivação e o envolvimento da equipe que irá coordenar a implementação do programa. Como decorrência desses achados, os pesquisadores e os profissionais envolvidos na disseminação de programas de THS devem dedicar-se a preparar o material e o treinamento para os coordenadores, de modo que sejam suficientes e de boa qualidade.

Por fim, o **planejamento da sustentabilidade** do programa deve ser feito já ao início da implementação dele no novo contexto. Estratégias para a obtenção e o gerenciamento de verbas devem ser planejadas (Tibbits *et al.*, 2010), para que a continuidade do programa não seja ameaçada pela falta de fundos. Mais uma vez, isso chama a atenção para a participação na equipe de profissionais administradores ou com habilidades neste campo.

Considerações finais

Em meados da última década, uma revisão da produção nacional em programas de habilidades sociais (Murta, 2005) apontou a necessidade do uso de delineamentos experimentais e quase experimentais para a avaliação de eficácia e efetividade desses programas. Os estudos apresentados nos capítulos seguintes indicam que esta tarefa vem sendo, gradualmente, cumprida. Nos anos recentes, alguns programas foram desenvolvidos e avaliados por meio de delineamentos rigorosamente controlados. Assim, esta área de pesquisa apresenta contribuições consistentes para a academia e a sociedade, ao oferecer programas com evidências de eficácia e efetividade.

Os resultados das pesquisas expostas nesta obra mostram que diferentes populações, crianças, adolescentes, adultos e idosos se beneficiaram significativamente de programas de habilidades sociais e que os benefícios foram superiores aos obtidos em grupos-controle ou em intervenções-comparação.

Conforme apontado por diferentes autores (King *et al.*, 1998; McLennan *et al.*, 2004), não é recomendável disseminar programas que não passaram por testes de eficácia e efetividade. Ganhos mais expressivos para os usuários podem advir da implementação de programas com eficácia e efetividade já constatadas, em vez de programas com avaliação prévia insuficiente, ou baseados no senso comum ou em critérios estritamente políticos. O alicerce está, portanto, pronto para que os programas de habilidades sociais descritos nesta obra, e outros também com evidências robustas de efetividade, sejam difundidos para políticas públicas e serviços de saúde, educacionais, sociais e outros.

Gestores, pesquisadores, professores e profissionais devem estabelecer parcerias para fazer avançar esse processo (Kellam & Langevin, 2003; King *et al.*, 1998; Rotheram-Borus & Duan, 2003). Os gestores e formuladores de políticas públicas podem contribuir ao estabelecer **critérios para a adoção de programas nos contextos de saúde** (bem como educacionais e sociais) que incluam evidências de efetividade. Esse tipo de iniciativa cria uma **cultura de encorajamento** a **práticas baseada em evidências**, certamente mais promissora para a população do que serviços de qualidade não avaliada. Também se deve apontar que a **interlocução entre pesquisa e políticas públicas** pode ser favorecida pela formação de recursos humanos, em programas de pós-graduação (mestrado e doutorado), altamente qualificados para a gestão pública. Isso poderia encorajar o uso de programas baseados em evidências e a prática de avaliar sistematicamente o processo e a efetividade de programas sociais disseminados.

Além de desenvolver e avaliar a eficácia e efetividade de seus programas, os pesquisadores devem:

- **comunicar suas pesquisas** a diferentes interlocutores;
- **envolver-se nas políticas públicas** de seu interesse (como em cultura, direitos humanos, saúde, educação e segurança);
- **fazer extensão inovadora** junto aos serviços que potencialmente se beneficiariam de suas tecnologias;
- **desenvolver habilidades de gestão** e *marketing* de projetos (Rotheram-Borus & Duan, 2003);
- **aprimorar métodos de pesquisa em disseminação e sustentabilidade** em colaboração com a comunidade (Ibiapina, 2008);
- estabelecer de **redes de pesquisa** nacionais e internacionais com parceiros experientes nestas áreas.

Os profissionais (de Psicologia ou de outras áreas) devem ser formados em **habilidades** para **revisar a literatura** e **identificar programas efetivos** em suas áreas; **trabalhar em equipes** multiprofissionais; **implementar intervenções em grupo**; **conduzir programas em parceria** com diferentes atores na comunidade e **avaliar** tais programas. Estudo recente descrevendo o trabalho do psicólogo no Brasil (Abad & Mourão, 2010) revela uma lacuna nos conhecimentos e nas competências desse profissional sobre avaliação de programas. Este precisa ser, portanto, um objetivo importante no ensino na graduação dos cursos de Psicologia e afins.

Em sua formação universitária, os estudantes devem, portanto, aprender a **consumir criticamente o conhecimento** e **organizar-se** em suas associações de classe em busca de condições adequadas de trabalho, que incluam remuneração justa, treinamento em serviço e tempo para planejamento conjunto. Nesse sentido, a conhecida realidade enfrentada por professores de escolas públicas no Brasil representa um grave desafio para a implementação, a disseminação e a sustentabilidade dos programas de habilidades sociais no contexto educacional. Discussões similares acerca da inadequação das condições de trabalho podem ser feitas com profissionais inseridos nos serviços das políticas sociais e de saúde.

É evidente que essas tarefas envolvendo gestores, pesquisadores, professores e práticos pressupõem, para além da competência técnica, **compromisso** ético **e envolvimento político** em prol do bem-estar da comunidade e da justiça social (Kenny & Hage, 2009). Essa também não é uma tarefa a ser feita apressadamente, pois pode requerer décadas. Tampouco pode ser feita por um indivíduo, mas por equipes. Em suma, assemelha-se, em sua essência, a qualquer outra produção científica, feita coletiva, paciente e continuamente.

Anexos

Protocolo para Avaliação da Qualidade da Implementação

(Murta *et al.*, 2010)

Data: ____________________

Tema da sessão: ____________________

Sessão nº: __________ Facilitadores: ____________________

FIDELIDADE.
O que foi planejado foi feito?

Hoje foi planejado...	Hoje foi feito...
- - - - -	- - - - -

O que foi feito que não estava previsto?

____

____

____

DESEMPENHO DO FACILITADOR.
O que os facilitadores falaram para os adolescentes?

Habilidades do Facilitador	Sim	Não
Valorizou/elogiou/apontou os progressos dos adolescentes?		
Demonstrou interesse em conhecer os adolescentes e sua cultura?		
Estabeleceu regras com clareza, firmeza e justiça?		
Demonstrou compreensão para com os adolescentes e sintonia com eles?		
Encorajou a reflexão do grupo sobre o que fazer para enfrentar problemas?		
Encorajou a reflexão sobre que recursos o adolescente, a escola, a família e a comunidade têm para lidar com o problema?		
Encorajou a reflexão sobre ganhos e perdas/vantagens e desvantagens de comportamentos de risco e pontos de vista de discriminação?		
Encorajou o grupo a se ajudar?		
Fez autorrevelação?		
Explorou sentimentos dos adolescentes na atividade do dia?		
Explorou descobertas dos adolescentes na atividade do dia?		
Explorou as relações entre a atividade e a vida cotidiana do adolescente?		
Ofereceu informação nova aos adolescentes?		

INDICADORES DE APEGO.
Comportamentos do aluno de busca de proximidade com o facilitador.

Comportamentos dos alunos para com os facilitadores	Sim	Não
Olhar com atenção.		
Fazer perguntas pessoais.		
Falar sobre a vida pessoal fora da sessão.		
Falar sobre a vida pessoal durante a sessão.		
Chamar pelo nome.		
Cumprimentar com atenção.		
Despedir com atenção.		
Mostrar objetos pessoais (livros, desenhos...).		
Pedir informação ou apoio.		
Abraçar/tocar com carinho.		
Outros*.		

* Especificar outros comportamentos de busca de proximidade com o facilitador.

ADESÃO DO ADOLESCENTE.
Como foi a participação dos adolescentes?

0 = ninguém participou; 5 = metade da turma participou; 10 = todos participaram

Comportamentos	Nota da turma (0 a 10)
Prestar atenção na atividade (olhar, ouvir...)	
Fazer a atividade (escrever, desenhar...)	
Falar e participar (responder, perguntar, comentar...)	

Descreva fatos relevantes sobre o (des)interesse e (não) aproveitamento dos alunos pela sessão do dia:

____

____

____

Referências

Abbad, G. S., & Mourão, L. (2010). Competências profissionais e estratégias de qualificação e requalificação. In A. V. B. Bastos & S. M. G. Gondim (Orgs.), *O trabalho do psicólogo no Brasil* (pp. 380-401). Porto Alegre: Artmed.

Bastos, A. V. B. (2006). Trabalho e qualificação: Questões conceituais e desafios postos pelo cenário de reestruturação produtiva. In J. E. Borges-Andrade, G. S. Abbad & L. Mourão (Orgs.), *Treinamento, desenvolvimento e educação em organizações e trabalho: Fundamentos para a gestão de pessoas* (pp. 23-40). Porto Alegre: Artmed.

Byrnes, H. F., Miller, B. A., Aalborg, A. E., Plasencia, A. V., & Keagy, C. D. (2010). Implementation fidelity in adolescent family-based prevention programs: relationship to family engagement. *Health Education Research, 25*, 531-541.

Del Prette, Z. A. P., & Del Prette, A. (2005). Psicologia *das habilidades sociais na infância: Teoria e prática*. Petrópolis: Vozes.

Del Prette, Z. A. P., & Del Prette, A. (2008). Um sistema de categorias de habilidades sociais educativas. *Paidéia: Cadernos de Psicologia e Educação, 18*(41), 517-530.

Dusenbury, L., Brannigan, R., Falco, M., & Hansen, W. B. (2003). A review of research on fidelity of implementation: implications for drug abuse prevention in school settings. *Health Education Research, 18*, 237-256.

Dusenbury, L., Brannigan, R., Hansen, W. B., Walsh, J., & Falco, M. (2005). Quality of implementation: developing measures crucial to understanding the diffusion of preventive interventions. *Health Education Research, 20*, 308-313.

Elliot, D. S., & Mihalic, S. (2004). Issues in disseminating and replicating effective prevention programs. *Prevention Science, 5*, 47-53.

Ennett, S. T., Ringwalt, C. L., Thorne, J., Rohrbach, L. A., Vincus, A., Simons-Rudolph, A., & Jones, S. (2003). A comparison of current practice in school-based substance use prevention programs with meta-analysis findings. *Prevention Science, 4*, 1-14.

Fagan, A. A., Hanson, K., Hawkins, J. D., & Arthur, M. W. (2008). Bridging science to practice: achieving prevention program implementation fidelity in the Community Youth Development Study. *American Journal of Community Psychology, 41*, 235-249.

Greenberg, M. T. (2004). Current and future challenges in school-based prevention: the researcher perspective. *Prevention Science, 5*, 5-13.

Ibiapina, I. M. L. M. (2008). *Pesquisa colaborativa: investigação, formação e produção de conhecimentos*. Brasília: Liberlivro.

Kellam, S. G., & Langevin, D. J. (2003). A framework for understanding "evidence" in prevention research and programs. *Prevention Science, 4*, 137-153.

Kenny, M. E., & Hage, S. M. (2009). The next frontier: prevention as an instrument of social justice. *The Journal of Primary Prevention, 30*, 1-10.

King, L., Hawe, P., & Wise, M. (1998). Making dissemination a two-way process. *Health Promotion International, 13*, 237-244.

McLennan, J. D., MacMillan, H. L., & Jamieson, E. (2004). Canada's programs to prevent mental health problems in children: the research-practice gap. *Canadian Medical Association Journal, 171*, 1069-1071.

Melo, M. H. S. (2010). Avaliação da competência social em pré-escolares: um estudo de disseminação. *Resumos de Comunicações Científicas, XL Reunião Anual da Sociedade Brasileira de Psicologia*, Curitiba, PR.

Murta, S. G. (2005). Aplicações do treinamento em habilidades sociais: Análise da produção nacional. *Psicologia: Reflexão e Crítica, 18*(2), 283-291.

Murta, S. G., Borges, F. A., Ribeiro, D. C., Rocha, E. P., Menezes, J. C. L., & Prado, M. M. (2010). Prevenção primária em saúde na adolescência: Avaliação de um programa de habilidades de vida. *Estudos de Psicologia, 14*, 181-189.

Ozer, E. J., Wanis, M. G., & Bazell, N. (2010). Diffusion of school-based prevention programs in two urban districts: adaptations, rationales, and suggestions for change. *Prevention Science, 11*, 42-55.

Payne, A. A., & Eckert, R. (2010). The relative importance of provider, program, school, and community predictors of the implementation quality of school-based prevention programs. *Prevention Science, 11*, 126-141.

Pentz, M. A. (2004). Form follows function: designs for prevention effectiveness and diffusion research. *Prevention Science, 5*, 23-29.

Philliber, S., & Nolte, K. (2008). Implementation science: promoting science-based approaches to prevent teen pregnancy. *Prevention Science, 9*, 166-177.

Reese, L. E., & Vera, E. M. (2007). Culturally relevant prevention: the scientific and practical considerations of community-based programs. *The Counseling Psychologist, 35*, 763-778.

Rogers, E. (1995). *Diffusion of innovations*. [S.l]: Simon & Schuster Inc.

Rogers, E. M. (1995). Diffusion of drug abuse prevention programs: spontaneous diffusion, agenda setting, and reinvention. *NIDA Research Monograph, 155*, 90-105.

Rohrbach, L. A., Gunning, M., Sun, P., & Sussman, S. (2010). The project Towards No Drug Abuse (TND) dissemination trial: Implementation fidelity and immediate outcomes. *Prevention Science, 11*, 77-88.

Rotheram-Borus, M. J., & Duan, N. (2003). Next generation of preventive interventions. *Journal of American Academy of Child and Adolescent Psychiatry, 42*, 518-530.

Sale, E., Bellamy, N., Springer, J. F., & Wang, M. O. (2008). Quality of provider–participant relationships and enhancement of adolescent social skills. *The Journal of Primary Prevention, 29*, 263-278.

Shediac-Rizkallah, M. C., & Bone, L. R. (1998). Planning for the sustainability of community-based health programs: conceptual framework and future directions for research, practice and policy. *Health Education Research, 13*, 87-108.

Sloboda, Z., Stephens, P., Pyakuryal, A., Teasdale, B., Stephens, R. C., Hawthorne, R. D., Marquette, J., & Williams, J. E. (2009). Implementation fidelity: the experience of the Adolescent Substance Abuse Prevention Study. *Health Education Research, 24*, 394-406.

Stein, L. M. (1994). *TDE: Teste de desempenho escolar: Manual para aplicação e interpretação*. São Paulo: Casa do Psicólogo.

Tibbits, M. K., Bumbarger, B. K., Kyler, S. J., & Perkins, D. F. (2010). Sustaining evidence-based interventions under real-world conditions: results from a large-scale diffusion project. *Prevention Science, 11*, 252-262.

PARTE II

Programas com evidências de efetividade

4

Programa de promoção da empatia para graduandos em enfermagem

Célia Caldeira Fonseca Kestenberg
Eliane Mary de Oliveira Falcone

O tema empatia tem despertado o interesse de pesquisadores de diferentes áreas, tornando-se um campo de estudo multidisciplinar, abrangendo as áreas evolutiva, social, da personalidade e clínica (Eisenberg & Strayer, 1992). Mais recentemente, ela também tem sido explicada na área de neurociências (Decety & Jackson, 2004; Preston & de Waal, 2002). No campo da psicoterapia, Eisenberg e Strayer (1992) apontam a obra de Carl Rogers (1951) como a mais relevante sobre o tema. De acordo com a biologia e a psicologia evolucionista, a capacidade para experimentar empatia desenvolveu-se como um recurso de sobrevivência e de perpetuação dos genes. Assim, os seres humanos, bem como várias espécies, já nascem biologicamente predispostos a experimentar contágio ao testemunhar o mal-estar dos outros. Por outro lado, essa predisposição não se poderá desenvolver sem aprendizagem, a partir da interação social e dos vínculos emocionais (Decety & Jackson, 2004).

A competência no cuidado está diretamente relacionada ao domínio dos conhecimentos técnicos e científicos específicos da profissão, aliados à capacidade de relacionar-se empaticamente com o paciente (Furegato, 1999). A empatia contribui para a construção do vínculo terapêutico com o paciente, tão essencial na promoção da saúde.

A empatia é uma habilidade socialmente aprendida, fundamental para as relações interpessoais de ajuda, especialmente em profissões como a **enfermagem**, cujo objeto é o cuidado ao ser humano em suas diferentes dimensões.

Embora já exista um consenso sobre a importância da empatia na relação enfermeiro-paciente, algumas lacunas são identificadas nos estudos de enfermagem sobre a temática, especialmente no que diz respeito às tecnologias que possibilitem a potencialização da empatia na formação profissional do enfermeiro (Kestenberg, 2010). Tais lacunas incluem: como se ensina a compartilhar genuinamente o sofrimento do paciente sem se deixar ser conduzido pelas emoções? Como se ensina a compreender e validar as necessidades do paciente, sem julgar, principalmente quando este se recusa a cooperar com o tratamento ou hostiliza o profissional?

Componentes da empatia

De acordo com uma perspectiva multidimensional, a experiência da empatia envolve componentes cognitivos, afetivos e comportamentais (Falcone, 1998, 1999; Koller, Camino, & Ribeiro, 2001). Assim, considerando-se a empatia como uma habilidade social, esses três componentes devem estar presentes na sua manifestação (Falcone *et al.*, 2008).

COMPONENTES DA EMPATIA
COGNITIVO Também referido como tomada de perspectiva, é caracterizado pela capacidade de perceber com precisão os sentimentos e pensamentos de outra pessoa, através de inferência ou colocando-se no lugar desta (Davis, 1980; Ickes, 1997).
AFETIVO Requer compartilhamento da emoção do outro, o que significa entender e considerar o que é sentido pelo outro (Falcone, Gil & Ferreira, 2007) ou experimentar um afeto ou compaixão que está mais voltado para a situação do outro do que para a própria situação (Hoffman, 1992).
COMPORTAMENTAL Caracterizado pela expressão verbal e não verbal de entendimento empático, é o indicador de que a outra pessoa se sentiu realmente compreendida (Falcone, 1998; 2003), além de revelar a acuidade da percepção do empatizador (Ickes, Marangoni & Garcia, 1997).

De fundamental importância é diferenciar o componente afetivo da empatia, caracterizado por sentimentos de preocupação, compaixão, simpatia e interesse pela angústia de alguém, levando a comportamentos de ajuda a outra pessoa, da angústia pessoal, identificada por uma reação emocional aversiva e autocentrada, que leva a distanciar-se física ou emocionalmente (Davis, 1983; Falcone, 1998; Ickes, 1997). Essa última reação, embora também disparada pela experiência da empatia (quando o indivíduo sente angústia ao presenciar o sofrimento de alguém), é considerada egoísta, uma vez que o foco de atenção localiza-se no próprio bem-estar, em vez da ajuda ao outro (Davis, 1983). E cabe lembrar que ela pode estar presente nas relações enfermeiro-paciente, interferindo no cuidado adequado.

Alguns pesquisadores (Morse, Bottorff, Anderson, O'brien, & Solberg, 1992) afirmam que a angústia pessoal tem sido uma barreira que dificulta a relação com o paciente e, como consequência, compromete a efetividade do cuidado em enfermagem.

Em estudo realizado por Formozo (2007), no qual se avaliou a representação social do cuidado de enfermagem à clientela soropositiva do HIV, foram identificadas manifestações de angústia pessoal nesses profissionais, por exemplo, o distanciamento e a impessoalidade no cuidado, como forma de autoproteção frente ao sofrimento dos pacientes. Tal manifestação pode ser resultante de uma confusão entre o eu e o outro (Decety & Lamm, 2009).

Decety e Lamm (2009) propõem que as habilidades de tomar a perspectiva de alguém nos permitem superar o egocentrismo, guiando os nossos comportamentos em direção às expectativas do outro, facilitando a ajuda e o cuidado. A tomada de perspectiva nos torna não só mais capazes de olhar o mundo por meio dos olhos do outro, mas também de experimentar sentimentos semelhantes aos da outra pessoa. Contribuições das neurociências propõem que a tomada de perspectiva produz ativação em partes específicas do córtex pré-frontal implicadas nas funções executivas, principalmente relacionadas ao controle inibitório. Além disso, os lobos frontais podem servir para separar ambas as perspectivas, ajudando o indivíduo a resistir à interferência da própria perspectiva ao tomar a perspectiva do outro (Decety & Jackson, 2004).

Em síntese, a tomada de perspectiva, relacionada à autoconsciência, à autorregulação das emoções e à flexibilidade cognitiva, permite:

- reduzir a angústia pessoal, conduzindo a ações de ajuda e cuidado;
- regular a raiva, por meio de uma compreensão acurada do estado interno da outra pessoa.

Falcone, Bussab e Ferreira, 2009; Mohr, Howells, Gerace, Day, e Warton (2007)

A capacidade para representar e relatar os próprios estados mentais – autoconsciência – é o que permitirá o conhecimento inferencial do estado mental dos outros – consciência do outro (Decety & Jackson, 2004). A consciência dos nossos próprios sentimentos e a habilidade para regular conscientemente as nossas emoções é o que nos permitirá desconectar as respostas empáticas dirigidas aos outros de nossa própria angústia pessoal. Assim, a empatia requer um mínimo de distinção entre o eu e o outro, sendo tal distinção demonstrada experimentalmente em estudos recentes, tanto em níveis neurais quanto comportamentais (Decety & Lamm, 2009).

A expressão de entendimento, de forma verbal ou não verbal, resulta da tomada de perspectiva e é fundamental para a ocorrência de uma interação empática, especialmente no contexto profissional. Assim, manifestações tanto não verbais (acenos, toques, postura voltada para o outro, olhar indicando atenção e interesse) como verbais (declarações indicando validação dos sentimentos e perspectivas do outro, ausência de julgamento etc.) indicam percepção acurada do estado da outra pessoa, fazendo com que esta se sinta compreendida (Falcone, 1998).

Em situações de conflito, o ouvir sensível também é fundamental para reduzir a querela e a probabilidade de rompimento, facilitando a comunicação da díade. O esforço envolvido na compreensão das razões do comportamento de alguém que provocou mágoa e raiva pode reduzir a intensidade desses sentimentos e facilitar um diálogo de entendimento (Goleman, 1995; Nichols, 1995).

O ouvir sensível ou empático provoca efeitos positivos, tanto para quem ouve quanto para a outra pessoa, promovendo:

- redução do medo e aumento do autoconhecimento;
- aumento da disponibilidade de escuta entre a díade;
- redução de tensão e solução de problema;
- aumento do conhecimento da natureza humana.

Barrett-Lennard (1988)

Como mencionado anteriormente, a empatia, como habilidade de comunicação, depende da aprendizagem para se desenvolver, a partir da interação social. Além disso, pode também ser desenvolvida por intermédio de programas de treinamento, visando a diferentes metas, por exemplo, reeducação de personalidade antissocial, treinamento de psicoterapeutas ou médicos etc. (Decety & Jackson, 2004).

O programa de promoção de empatia (PPE)

Participantes

O programa foi conduzido ao longo de um estudo com dois grupos tipificados, sob delineamento experimental (grupos experimental e de controle), do qual participaram 33 estudantes do oitavo período do curso de graduação em enfermagem de uma universidade pública do estado do Rio de Janeiro. Os dezessete estudantes do grupo experimental e os dezesseis do grupo de controle foram avaliados antes da intervenção, imediatamente após e com *follow-up* de trinta ou quarenta dias. O PPE foi realizado em dezesseis encontros semanais com duração média de três horas cada.

Instrumentos de avaliação do PPE

Os componentes cognitivos e afetivos da empatia foram avaliados por intermédio de um Inventário de Empatia – IE (Falcone *et al.*, 2008). Para a avaliação do comportamento empático verbal, foram gravadas em áudio as verbalizações dos participantes eliciadas a partir de interações enfermeiro-paciente, em situações de desempenho de papéis. Essas verbalizações foram avaliadas por três juízes treinados previamente e cegos para os dois grupos, utilizando o Instrumento de Avaliação do Comportamento Empático Verbal (IACEV), criado para este estudo. O PDE também foi avaliado pelos sujeitos por meio de verbalizações espontâneas durante o treinamento e respostas a um questionário aplicado no final do treinamento, como suplemento às medidas quantitativas.

Objetivos do PPE

Os procedimentos utilizados objetivaram intensificar a capacidade dos participantes de:

- identificar sinais emocionais não verbais no comportamento do outro;
- ouvir e compreender a perspectiva e os sentimentos do outro, sem julgar;
- demonstrar comportamento empático mediante comunicação não verbal;
- verbalizar sensivelmente o entendimento dos sentimentos e da perspectiva do outro.

Estrutura geral do PPE

Os encontros seguiram o método de promoção da empatia de Falcone (1998), com base no modelo de programa de habilidades sociais de Caballo (2006), com adaptações próprias para a especificidade do grupo de graduandos de enfermagem. Utilizou-se também o método vivencial tal como proposto por Del Prette e Del Prette (2001).

Figura 1.
Esquema das etapas desenvolvidas em cada encontro.

O planejamento da tarefa de casa envolvia, além da orientação verbal, a entrega a cada participante de um impresso com as orientações sobre o que deveria ser realizado. O incentivo à realização das tarefas de casa é muito importante porque a prática repetida das habilidades aprendidas favorece o aperfeiçoamento e a generalização delas para a vida real. Caballo (2006) afirma que a pessoa, quando está longe do *setting* grupal, pode autoavaliar-se enquanto experimenta utilizar a habilidade aprendida, o que ajuda em sua assimilação. Acrescentam Del Prette e Del Prette (2005) que os participantes podem perceber as tarefas de casa como um desafio a ser atingido, o que talvez se constitua um recurso motivacional. No entanto, alertam para a importância da discriminação acurada das situações-estímulos, em que as aquisições podem ou não ser bem-sucedidas. Neste estudo, quando os participantes relatavam as tarefas, tinha-se o cuidado de identificar os comportamentos adequados ou inadequados e as dificuldades na realização delas, sempre trazendo clarificações que se fizessem necessárias, acolhendo e incentivando os participantes a experimentarem as habilidades no cotidiano. Estudos anteriores de Del Prette e Del Prette (2005) confirmam a importância do comportamento cuidadoso e atento do terapeuta para que a tarefa de casa promova a generalização, o que inclui: a análise das variáveis que podem ter interferido na não realização das tarefas, o não julgamento e o incentivo, mesmo quando o desempenho não foi bem-sucedido.

Procedimentos e recursos utilizados no PPE

A seguir, será apresentada uma síntese do conjunto de estratégias utilizadas para promover o comportamento empático nos graduandos, o que se fará por meio de dois quadros que permitem mostrar como o desenvolvimento ocorreu de forma gradativa e processual.

No primeiro, estão as estratégias utilizadas para promover a compreensão empática. No segundo, são apresentadas as estratégias voltadas para a promoção da verbalização empática e as estratégias usadas para avaliação e fechamento do grupo.

Tabela 1.

Compreensão empática: primeira etapa do Programa de Promoção da Empatia para graduandos de Enfermagem.

Objetivos	Estratégias	Recursos Materiais
Encontro I Integrar-se com os demais participantes do grupo. Compreender a importância da empatia para enfermagem. Estabelecer as normas do grupo.	Relaxamento. Vivência: "Flocos de carinho". Tempestade de ideias sobre conceito de empatia; exposição dialogada sobre a compreensão da empatia como habilidade de comunicação. Diálogo circular. Vivência: elaborando normas para o adequado funcionamento do grupo. Leitura das normas elaboradas pela coordenação comparando-as com as do grupo. Tarefa de casa: ler o texto "Algumas palavras sobre empatia" (Falcone, 1998).	Bolinhas de tênis para massagem nos pés. Papel A4 dividido ao meio. Saquinhos com flocos de algodão. Música relaxante. Textos sobre: (a) empatia, (b) normas do grupo e (c) lenda "Flocos de carinho".
Encontros II e III Identificar emoções e sinais não verbais na comunicação entre as pessoas.	Relaxamento. Comentários sobre tarefa de casa. Exposição dialogada sobre identificação de emoções e captação dos sinais não verbais. Vivências: (1) "Imagem de uma lembrança de experiência acompanhada de emoção" (GV e GO); (2) "Emoções guardadas em fotografias". *Feedback*. Tarefas de casa: (1) Ler o texto "Algumas palavras sobre os sinais não verbais" (Falcone, 1998); (2) Observar reações não verbais das pessoas do convívio pessoal e relacionar essas observações com o conteúdo da fala.	CD com fotografias dos participantes (enviadas por e-mail pelos próprios). DVD com expressões humanas de emoções. Pranchetas, papel A4, lápis, CD de música relaxante.

Encontro IV Ouvir e compreender sensivelmente.	Relaxamento. Comentários acerca das tarefas de casa. Exposição dialogada sobre ouvir e compreender sensivelmente. Projeção de filme sobre comportamento não empático seguido de debate. *Feedback*. Tarefas de casa: (1) Ler o texto "Algumas palavras sobre ouvir e compreender sensivelmente" (Falcone, 1998); (2) Conversar com um paciente, parente ou amigo que vá contar uma situação-problema, procurando ouvir e compreender sensivelmente.	DVD **Empatia em cena** (Kestenberg, 2010). Cena do filme *Click* (dir. Adam Sandler). Dezessete cópias do texto para tarefa.
Encontro V Ouvir e compreender sensivelmente.	Relaxamento. Comentários acerca das tarefas de casa. Projeção de filme sobre comportamento empático seguido de debate. *Feedback*. Tarefa de casa: conversar com um paciente procurando ouvir e compreender sensivelmente.	DVD **Empatia em cena** (Kestenberg, 2010). Cena do filme **Quando o Amor Acontece** (dir. Forest Whitaker).
Encontro VI Ouvir e compreender sensivelmente.	Relaxamento. Comentários da tarefa de casa. Vivência: "Ouvindo e compreendendo". *Feedback*. Tarefa de casa: Exercitar o ouvir e o compreender sensivelmente pessoas de seu convívio pessoal, buscando compreender a maneira como pensam e veem determinadas situações.	Papel A4, lápis, prancheta. CD de música relaxante. Impresso com perguntas norteadoras para a vivência.

Encontro VII Ouvir e compreender empaticamente em situações de ajuda sem conflito de interesses.	Relaxamento. Comentários da tarefa de casa. Vivência: "Compreendendo a dor do outro". *Feedback*. Tarefa de casa: ouvir e compreender sensivelmente os pacientes que estiverem sob seus cuidados, seguindo os passos vivenciados durante a sessão. Orientações para tentar reconhecer as próprias emoções e as do paciente.	Dezessete caixas de fósforo para a brincadeira "escravos de Jó" no momento do relaxamento. CD de música relaxante.
Encontro VIII Ouvir e compreender empaticamente em situações de ajuda em que haja conflito de interesses.	Relaxamento. Exposição dialogada sobre como lidar em situações de ajuda em que haja conflito de interesses. Vivência: "Lidando com o conflito". *Feedback*. Tarefas de casa: ler o texto "Algumas palavras sobre como lidar empaticamente quando alguém expressa insatisfação ou mágoa" (Falcone, 1998). Descrever situações de interação com pacientes nas quais perceberam conflito de interesses.	CD de música relaxante. Dezessete cópias do texto para tarefa de casa.
Encontro IX Ouvir e compreender empaticamente em situações de ajuda em que haja conflito de interesses.	Relaxamento. Comentários acerca das tarefas de casa. Exposição dialogada sobre autoconsciência e consciência do outro. Vivência: "Paciente expressa insatisfação; o que fazer?" *Feedback*. Tarefas de casa: ler o texto "Algumas palavras sobre verbalizar empaticamente" (Falcone, 1998). Fazer articulações entre o texto e as vivências no *setting* grupal e na vida.	Bolinha de tênis para massagem nos pés. CD de música relaxante. Folhas de papel A4, lápis, pranchetas. Dezessete cópias do texto para tarefa.

Tabela 2.

Verbalização empática: segunda etapa do Programa de Promoção da Empatia para graduandos de Enfermagem.

Objetivos	Estratégias	Recursos Materiais
Encontro X e XI Desempenhar o comportamento empático verbal em situações de ajuda sem conflito de interesses, em situação de jogos de papéis.	Relaxamento. Comentários sobre a tarefa de casa. Orientações sobre o desempenho de papéis e a videogravação. Vivência: "Cuidando da dor do outro". Desempenho de papéis. Tarefas de casa: Assistir à filmagem da própria atuação, avaliando o seu desempenho; elaborar uma verbalização diferente. Exercitar com pessoas dos convívios pessoal e profissional todo o processo empático.	Duas cadeiras para o desempenho de papéis. CD de música relaxante. Filmadora. CD para copiar a cena desempenhada.
Encontro XII e XIII Desempenhar o comportamento empático verbal em situações de ajuda sem conflito de interesses, em situação de jogos de papéis.	Relaxamento. Comentários acerca das tarefas de casa. Vivência: "Desempenhando o papel de enfermeiro em situação de ajuda". Tarefas de casa: assistir à filmagem da própria atuação, avaliando o seu desempenho e procurando elaborar uma verbalização diferente. Exercitar com pessoas.	Duas cadeiras para o desempenho de papéis. CD de música relaxante. Filmadora. CD para copiar a cena desempenhada.

Encontro XIV e XV Desempenhar o comportamento empático verbal em situações de ajuda com conflito de interesses, em situação de jogos de papéis.	Relaxamento. Comentários das tarefas de casa. Vivência: "Desempenhando o papel de enfermeiro em situação de conflito de interesses". Tarefas de casa: assistir à filmagem da própria atuação, avaliando o seu desempenho e procurando elaborar uma verbalização diferente. Exercitar com pessoas.	Duas cadeiras para o desempenho de papéis. CD de música relaxante. Filmadora. CD para copiar a cena desempenhada.
Encontro XVI Avaliação do programa. Confraternização do grupo.	Aplicação de questionário. Vivências: (1) "Flocos carinho"; (2) "Doce alegria". Tarefa de casa: exercitar empatia na vida.	Questionário de avaliação do programa. Guloseimas, toalha, saquinhos de celofane.

Houve necessidade de replicação dos encontros II, X, XII e XIV para que todos os dezessete participantes tivessem oportunidades de aprendizagem igualitárias. Segue-se a descrição de três das vivências utilizadas no PPE, incluindo as tarefas de casa.

Imagem de uma lembrança de experiência acompanhada de emoção

Objetivos. Identificar emoções e sinais não verbais na comunicação entre as pessoas.

Material. Pranchetas, folhas de papel A4, lápis, impresso com orientações sobre tarefa de casa e texto "Algumas palavras sobre os sinais não verbais" (Falcone, 1998).

Procedimento:

Relaxamento. A seguir, o grupo foi subdividido em dois: e Grupo de Vivência (GV) e Grupo de Observação (GO). Os participantes do GV sentaram-se nas cadeiras dispostas em círculo, com os olhos fechados e a postura relaxada, porém atenta; cada um deveria lembrar-se de um acontecimento emocionante, presenciado no passado, revivendo esse momento na imaginação. Esse acontecimento, que preferencialmente deveria ser real, provocaria emoção negativa ou positiva. Foi sinalizada a importância de se avaliar a adequação na escolha do acontecimento a ser compartilhado no grupo; os participantes foram também orientados a levantar a mão quando tivessem concluído a cena. Em seguida, cada membro do GV relatou o acontecimento expressando emoção, enquanto os demais participantes do mesmo grupo ouviram empaticamente (olhar atento, postura aberta, atitude não julgadora, aceno da cabeça) e identificaram emoções e sinais não verbais manifestados. Todos foram orientados a se esforçar para não julgar como certa ou errada a emoção do colega.

Ao término de cada relato, os ouvintes revelaram as emoções identificadas e os sinais não verbais relacionados. Aquele que acabara de relatar manifestava como se sentiu sendo ouvido (o comportamento dos colegas poderia sinalizar empatia ou não). Além disso, era avaliada a relação entre o comportamento manifesto observado e o latente. Nesse momento, ao término da manifestação de cada membro do grupo, a coordenação comentava a experiência, fornecendo *feedback* positivo e relacionando-o com a literatura. Os participantes também traziam suas contribuições, inclusive aquele que acabara de relatar o acontecimento. Esse procedimento se deu até que todos os relatos fossem ouvidos.

A coordenadora organizou os dois grupos, GO e GV. Aos membros do GO, que estavam sentados num círculo maior em torno do GV, foi atribuída a tarefa de identificar sinais não verbais no comportamento dos ouvintes os quais indicassem empatia ou não. Tais observações foram registradas para ser comentadas. Depois que todos relataram suas experiências, foi aberto um círculo para o compartilhamento. Os participantes do GO revelaram suas observações e, em seguida, os membros do GV foram estimulados a comentar sobre este *feedback*. A coordenação também fez comentários sobre a experiência, reforçando desempenhos positivos e estimulando aqueles que demonstravam alguma dificuldade. Como tarefa de casa, além da leitura de um texto sobre os sinais não verbais, cada um deveria observar as reações não verbais das pessoas de seu convívio pessoal e relacionar essas observações com o conteúdo da fala; fazer o registro de uma observação relatando o contexto, o verbal e o correlato não verbal para o próximo encontro.

Compreendendo a dor do outro

Objetivos. Ouvir e compreender empaticamente em situações onde alguém expresse necessidade de ajuda sem conflito de interesses.

Material. Dezessete caixas de fósforo para a brincadeira "escravos de Jó" no momento do relaxamento. CD de música relaxante.

Procedimento:

Relaxamento. O grupo estava sentado em cadeiras formando um círculo. Todos imaginaram uma situação vivida acompanhada de emoção negativa. Cada participante relatou sua experiência para os demais dezesseis membros do grupo, os quais deveriam ouvir empaticamente, identificando os sentimentos e as perspectivas do relator. Foi combinado previamente que, ao término de cada relato, a coordenadora solicitaria cinco voluntários para relatarem, um por vez, a compreensão. Assim aconteceu até que todos os dezessete integrantes do grupo contassem a situação. Para tal, este encontro foi replicado em outro dia. A atividade desenvolveu-se em quatro momentos, e em cada um a coordenadora procedia à orientação pertinente.

1 – Imaginação da situação vivida. Todos estavam sentados em cadeiras dispostas em círculo, e a coordenadora orientava: "Feche os olhos e imagine uma situação que viveu e que lhe tenha provocado ou ainda provoque alguma emoção negativa, que pode ser mágoa, raiva, medo, indignação, tristeza ou uma outra que fizer sentido para você. Escolha uma situação que não lhe traga constrangimento ao ser revelada. É muito importante que você se cuide. Quando você tiver imaginado a situação, mantenha os olhos fechados e levante uma das mãos para que eu possa avaliar quando todos já tiverem terminado".

2 – **Relato da situação imaginada**. Os membros foram orientados para abrir os olhos e iniciar os relatos. Enquanto um relatava, os outros deveriam adotar uma postura empática, perguntando cada um a si mesmo, sem emitir julgamento: "Como ele está se sentindo; qual é a sua dor? Como o problema está sendo percebido por ele?".

3 – **Colocar-se no lugar do outro**. Os ouvintes deveriam colocar-se no lugar do colega, respondendo a si mesmos: "Se eu fosse ele, como eu estaria sentindo-me; como eu estaria percebendo o problema?".

4 – **Compartilhando a compreensão**. Os cinco voluntários compartilhavam com o colega os sentimentos e os pensamentos percebidos. O relator fornecia o *feedback*. Havia também comentários da coordenação e dos cofacilitadores.

Todos compartilharam a experiência de ouvir e ser ouvido. A maior parte do grupo relatou ter se sentido acolhido pelos colegas, genuinamente. Alguns afirmaram que ficaram aliviados ao relatar a experiência e ao receber o *feedback* dos colegas. Outros explicitaram que se sentiram envergonhados no momento do relato e perceberam as sensações no corpo (coração acelerado, queimação no rosto, tremor nas mãos e nas pernas). Identificaram também dificuldade para controlar as próprias emoções no momento em que estavam ouvindo o relato do colega. Houve *feedback* positivo com clarificações sobre os sentimentos e sensações relatados.

Como tarefa de casa, os participantes deveriam exercitar o ouvir e o compreender sensivelmente os pacientes que estivessem sob seus cuidados, seguindo os passos vivenciados durante a sessão. Foram orientados para tentar reconhecer as próprias emoções e as do paciente.

Desempenhando o papel de enfermeiro em situação de conflito

Objetivos. Desempenhar o comportamento empático verbal em situações de ajuda com conflito de interesses, em situação de jogos de papéis.

Material. Filipetas com histórias dos pacientes envolvendo ajuda com conflito de interesses; cadeiras em semicírculo; duas cadeiras para as duplas; filmadora; CD para fazer a cópia das cenas gravadas.

Procedimento:

Relaxamento. Orientações sobre o desempenho de papéis, a importância da videogravação para o *feedback* e sobre a divisão das duplas. Apenas uma dupla realizava o desempenho de papéis, enquanto os outros quinze participantes observavam a experiência. Após o desempenho da dupla, outra dupla realizava o *role-play*, até que todos os membros do grupo praticassem a vivência. As duplas foram filmadas nas situações de desempenho de papéis. A videogravação de cada dupla foi entregue em CD a cada participante logo após o término do encontro, para que cada qual revisse sua atuação em outro momento, fora do *setting*.

Foi organizado um ambiente na sala destinado ao desempenho de papéis. Entregou-se uma filipeta com a história do paciente ao membro que desempenharia este papel. O estudante deveria ler mentalmente a história, procurando concentrar-se para dar vida ao personagem. As histórias eram verídicas, extraídas das tarefas de casa desenvolvidas anteriormente, junto aos pacientes. Cada dupla apresentou os seguintes passos:

- O membro da dupla que estava no papel de paciente iniciava o desempenho a partir da história lida imediatamente antes.
- Enquanto um membro da dupla falava, o outro deveria ouvir empaticamente o colega, o que incluía: focar a atenção no relator; acenar com a cabeça; emitir vocalizações breves como "sim", "hum-hum"; adotar postura corporal atenta; prestar atenção aos sinais não verbais que acompanhavam a narrativa.
- O estudante no papel de enfermeiro procurava compreender os sentimentos do "paciente", perguntando-se mentalmente: "Qual é a sua dor, angústia, o seu sofrimento? Qual é o contexto?". Procurava, então, fazer contato com as perspectivas e os sentimentos do "paciente", sem julgamentos, e, a seguir, colocava-se no seu lugar e imaginava como se sentiria e como entenderia o problema, se estivesse vivenciando essa situação.
- Deviam estabelecer mentalmente uma relação entre o sentimento, o pensamento e o contexto; depois, formulava-se ainda mentalmente uma verbalização empática.
- A compreensão era verbalizada por meio de uma declaração empática para o "paciente".

Ao término do desempenho de cada dupla, a coordenadora perguntava aos dois participantes como estavam sentindo-se e, depois deste acolhimento, solicitava ao relator que empaticamente fornecesse o *feedback* ao membro ouvinte quanto à acurácia de sua compreensão. Fizeram-se comentários sobre a experiência vivida. Depois a coordenadora solicitava aos demais membros do grupo para formularem mentalmente uma declaração empática diferente da que o colega forneceu. A seguir, pedia para alguns verbalizarem as declarações e, após, tecia comentários a respeito, fornecendo *feedback*. Os cofacilitadores também traziam suas contribuições.

A próxima etapa consistia em inverter o papel dessa dupla, obedecendo à mesma metodologia. Esta sessão foi replicada para que todos tivessem as mesmas oportunidades de aprendizagem. A tarefa de casa consistia em assistir à filmagem da própria atuação, avaliando o próprio desempenho e procurando elaborar uma verbalização diferente, além de treinar com pacientes e pessoas do convívio pessoal todo o processo empático. Esse conjunto de procedimentos envolvendo processos cognitivo-afetivos e comportamentais possibilitou mudança no desempenho empático dos graduandos de enfermagem, como será descrito a seguir.

Resultados do PPE

Foram realizadas comparações entre o grupo experimental e o de controle antes e depois da intervenção, bem como entre os três momentos do estudo, com análises estatísticas inferenciais. Os resultados dessa avaliação evidenciaram que o PPE foi eficaz em melhorar significativamente não só aspectos cognitivos e afetivos da empatia, mas também a verbalização empática do grupo experimental quando comparado ao de controle. A avaliação intragrupo experimental comparando os três momentos revelou melhora significativa no comportamento empático verbal. A análise qualitativa dos relatos dos participantes evidenciou benefícios do programa que não foram acessados pelas medidas anteriores. Apresentar-se-á, a seguir, a síntese e a descrição dos principais ganhos oriundos do PPE, os quais demonstram a sua efetividade e confirmam a adequação de programas de treinamento para estudantes de enfermagem (ver avaliação detalhada em Kestenberg, 2010).

Síntese dos principais efeitos benéficos gerados pelo PPE

- Aumento da capacidade de interpretar e compreender os pensamentos e os sentimentos do outro (tomada de perspectiva e flexibilidade interpessoal).
- Aumento da capacidade de verbalizar empaticamente diante de situações de ajuda sem conflito de interesses e ajuda com conflito de interesses.
- Aumento da autoconsciência e consciência do outro.
- Redução da angústia pessoal diante do sofrimento do paciente.
- Redução da culpa a partir reconhecimento de limites impostos pela condição humana do enfermeiro.
- Redução do sentimento de autopiedade.
- Redução da raiva disfuncional por meio da autorregulação das emoções.
- Aceitação da condição de sofrimento do paciente como legítima.

- Aumento da capacidade de aceitar crenças e valores muito diferentes das próprias.
- Ampliação da compreensão da relação custo-benefício presente na decisão de ajudar.
- Generalização das habilidades aprendidas para os contextos relacionais.

A capacidade de interpretar e compreender os sentimentos e pensamentos de outra pessoa (tomada de perspectiva e flexibilidade interpessoal) é um atributo fundamental ao enfermeiro, um dos profissionais de ajuda que mais próximos estão do sofrimento humano. O indivíduo que tem maior flexibilidade interpessoal tende a fazer menos julgamentos e críticas, costuma aceitar pensamentos, crenças e valores diferentes dos seus e são pessoas que toleram melhor as frustrações provocadas pelo interlocutor. Tais processos cognitivos ajudam na regulação dos processos afetivos, contribuindo, assim, para a compreensão empática (Preston & de Wall, 2002).

A situação experimentada pelo paciente pode mobilizar emoções no profissional que, por um lado, são importantes para ativar o comportamento de ajuda, mas, por outro, precisam ser administradas. Via de regra, os profissionais identificam-se com os pacientes, o que pode causar-lhes sofrimento emocional, enquanto outros se afastam da situação como mecanismo de autopreservação.

> É possível pensar que um dos grandes desafios da enfermagem seja a capacidade de se sensibilizar diante da dor do paciente (sensibilidade afetiva), contando, ao mesmo tempo, com recursos cognitivos (tomada de perspectiva) que permitam a gestão afetiva e uma prática de cuidado profissional efetivos.
>
> Kestenberg (2010)

Importante ressaltar que as situações de interação selecionadas para avaliação do desempenho de papéis envolviam sentimentos de hostilidade, raiva, tristeza profunda e conflito de interesses. Pelo grau de dificuldade dessas situações, os estudantes precisaram de um esforço maior para regular as emoções que, naturalmente, são evocadas em situações desta natureza, como foi evidenciado nas respostas emitidas antes do PPE. Essa capacidade de autorregulação provavelmente foi possível devido à ampliação de processos cognitivos mais sofisticados, como a autoconsciência, consciência do outro e a flexibilidade cognitiva (Decety & Jackson, 2004; Decety & Lamm, 2009). Se a pessoa não consegue regular suas próprias emoções no contato com o outro em sofrimento, torna-se difícil ativar um comportamento de ajuda, pois, experimentando a angústia, o indivíduo foca a experiência em si mesmo, o que lhe dificulta prestar atenção, ouvir e compreender as razões do outro (Falcone, 1998).

> A avaliação do PPE sugere que a compreensão empática reduz a angústia pessoal.

A capacidade do enfermeiro de identificar-se e, ao mesmo tempo, diferenciar-se do paciente (autoconsciência e consciência do outro) reduz a angústia pessoal e permite um maior enfrentamento de situações adversas e uma maior disposição para ajudar a solucionar os problemas vividos pelos pacientes. Essa habilidade pode mobilizar uma autorreflexão, levando o profissional ao contato mais próximo, com uma variedade maior de suas vivências, o que lhe propicia um referencial mais amplo, ao qual poderá recorrer para compreender a si mesmo e para nortear seu comportamento diante de diferentes situações sociais (Kestenberg, 2010; Decety & Lamm, 2009).

É importante esclarecer que não se pode assegurar que os estudantes de enfermagem irão comportar-se empaticamente de uma forma definitiva, mas as habilidades aprendidas mantiveram-se por aproximadamente quarenta dias após o treinamento. No entanto, se uma pessoa manifesta um comportamento socialmente hábil ao desempenhar um papel numa situação análoga, isso quer dizer que esse comportamento se encontra em seu repertório comportamental (Caballo, 2006). Habilidades socialmente reforçadas tendem a gerar satisfação no sujeito que age de modo habilidoso e, portanto, podem repetir-se com mais frequência. Daí é possível pensar na generalização da habilidade empática para diferentes contextos sociais, particularmente junto aos pacientes.

Reflexões e recomendações sobre o PPE

Em suma, parece que o desenho do programa incluindo o relaxamento como etapa preparatória para a vivência, a utilização do método vivencial em todos os encontros e o treinamento das habilidades socioempáticas em contextos relacionais influenciou decisivamente nos resultados.

A experiência vivida na aplicação deste programa permite algumas pontuações sobre os limites e as possibilidades para melhorar a sua implementação.

- A vivência é um grande facilitador na compreensão e na apreensão do processo empático.
- A videogravação do desempenho de papéis é seguramente adequada para o *feedback*. Sugere-se utilizar algumas no *setting* grupal e outras fora dele.
- É adequado iniciar o desempenho de papéis quando houver maior coesão grupal, porque possibilita maior senso de segurança e vínculo de confiança, elementos extremamente importantes para que a pessoa se expresse e se exponha diante do outro.
- Grupos não muito grandes (entre oito a catorze participantes) são mais produtivos; grupos com muitos participantes demandam mais tempo e esforço.
- O cofacilitador no *setting* grupal é fundamental, pois o treinamento exige do coordenador uma atenção muito focada na experiência de aprendizagem individual.
- O perfil dos colaboradores influencia o resultado do treinamento. Pessoas socialmente habilidosas, solidárias, encorajadoras e éticas favorecem positivamente todo o processo.
- A congruência entre o que se propõe ensinar e o comportamento da equipe de treinamento foi apontada pelos participantes como elemento facilitador da aprendizagem.

Referências

Barrett-Lennard, G. T. (1988). Listening. *Person Centered Review, 3*, 410-425.

Caballo, V. E. (2006). *Manual de avaliação e treinamento das habilidades sociais*. São Paulo: Santos.

Davis, M. H. (1980). A multidimensional approach to individual differences in empathy. *Catalog of Selected Documents in Psychology, 10*, 85.

Davis, M. H. (1983). Measuring individual differences in empathy: evidence for a multidimensional approach. *Journal of Personality and Social Psychology, 44*, 113-126.

Decety, J., & Jackson, P. L. (2004). The functional architecture of human empathy. *Behavioral and Cognitive Neuroscience Reviews, 3*, 71-100.

Decety, J., & Lamm, C. (2009). Empathy versus personal distress: Recent evidence from social neuroscience. In J. Decety & W. Ickes (Orgs.), *The social neuroscience of empathy* (pp. 199-213). Massachusetts: A Bradford Book.

Del Prette, A., & Del Prette, Z. A. P. (2001). *Psicologia das relações interpessoais: Vivências para um trabalho em grupo*. Petrópolis: Vozes.

Del Prette, A., & Del Prette, Z. A. P. (2005). A importância das tarefas de casa como procedimento para a generalização e validação do treinamento de habilidades sociais. In J. H. Guilhardi & N. C. Aguirre (Orgs.), *Primeiros passos em Análise do Comportamento e Cognição* (pp. 67-74). Santo André: ESETec.

Eisenberg, N., & Strayer, J. (1992). Prefácio. In N. Eisenberg & J. Strayer (Orgs.), *La empatia y su desarrollo* (pp. 9-10). Bilbao: Desclée de Brouwer.

Falcone, E. (1999). A avaliação de um programa de treinamento da empatia com universitários. *Revista Brasileira de Terapia Comportamental e Cognitiva, 1*, 23-32.

Falcone, E. (2003). Empatia. In C. N. Abreu & M. Roso (Orgs.), *Psicoterapias cognitiva e construtivista. Novas fronteiras da prática clínica* (pp. 275-287). Porto Alegre: Artmed.

Falcone, E. M. O. (1998). *A avaliação de um programa de treinamento da empatia em universitários*. Tese de Doutoramento, Instituto de Psicologia, Universidade de São Paulo, São Paulo.

Falcone, E. M. O., Ferreira, M. C., Luz, R. C. M., Fernandes, C. S., Faria, C. A., D'Augustin, J. F. Sardinha, A., & Pinho, V. D. (2008). Inventário de Empatia (I.E.): desenvolvimento e validação de uma medida brasileira. *Avaliação Psicológica, 7*(3), 321-334.

Falcone, E. M. O., Gil, D. B., & Ferreira, M. C. (2007). Um estudo comparativo da freqüência de verbalização empática entre psicoterapeutas de diferentes abordagens teóricas. *Estudos de Psicologia, 24*, 451-461.

Falcone, E.M.O., Bussab, V.S.R., & Ferreira, M.C. (2009). A evolução e as relações entre os estilos de vinculação, a empatia e a raiva. *Anais do II Seminário Internacional de Habilidades Sociais*. Recuperado em 25 de abril de 2010, de http://newpsi.bvs-psi.org.br/eventos/ANAIS_II-SIHS2009pdf.

Formozo, G. A. (2007). *As representações sociais do cuidado de enfermagem prestado à pessoa que vive com HIV/AIDS na perspectiva da equipe de enfermagem*. Dissertação de mestrado, Universidade do Estado do Rio de Janeiro, Faculdade de Enfermagem, Rio de Janeiro.

Furegato, A. R. F. (1999). *Relações interpessoais terapêuticas na enfermagem*. São Paulo: Scala.

Goleman, D. (1995). *Inteligência emocional*. Rio de Janeiro: Objetiva.

Hoffman, M. L. (1992). La aportación de la empatía a la justicia y al juicio moral. In N. Eisenberg & J. Strayer (Orgs.), *La empatia y su desarrollo* (pp. 59-93). Bilbao: Desclée de Brouwer.

Ickes, W. (1997). Introduction. In W. Ickes (Ed.), *Empathic accuracy* (pp. 1-16). New York: Guilford.

Ickes, W., Marangoni, C., & García, S. (1997). Studying empathic accuracy in a clinically relevant context. In W. Ickes (Ed.), *Empathic accuracy* (pp. 282-310). New York: Guilford.

Kestenberg, C. C F. (2010). *Avaliação de um programa de desenvolvimento da empatia para graduandos de enfermagem*. Tese de doutorado, Programa de Pós-Graduação em Psicologia Social, Universidade do Estado do Rio de Janeiro, Rio de Janeiro.

Koller, S. H., Camino, C., & Ribeiro, J. (2001). Adaptação e validação interna de duas escalas de empatia para uso no Brasil. *Estudos de Psicologia, 18*, 43-53.

Mohr, P., Howells, K., Gerace, A., Day, A., & Wharton, M. (2007). The role of perspective taking in anger arousal. *Personality and Individual Differences, 43*, 507-517.

Morse, J. M., Bottorff, J., Anderson, G., O'brien, B., & Solberg, S. (1992). Beyond empathy: Expanding expressions of caring. *Journal of Advanced Nursing, 17*, 809-821.

Nichols, M.P. (1995). *The lost art of listening*. New York: Guilford.

Preston, S. D., & de Waal, F. B. M. (2002). Empathy: Its ultimate and proximate bases. *Behavior and Brain Sciences, 25*, 1-72.

Rogers, C. (1951). *Client-Centered Counselling*, Boston: Houghton-Mifflin.

5

Programa multimídia de habilidades sociais para crianças com dificuldades de aprendizagem

Daniele Carolina Lopes
Zilda A. P. Del Prette

As dificuldades de aprendizagem comprometem a trajetória escolar e o desenvolvimento socioemocional de um grande contingente de crianças e adolescentes. Inversamente, os problemas socioemocionais podem também afetar o rendimento acadêmico em um círculo vicioso, cuja cronicidade torna mais difícil identificar o seu ponto de origem e direção. Isso ocorre, certamente, porque se vai configurando uma síndrome com consequências desenvolvimentais (para a criança) e sociais (o fracasso escolar e os problemas de comportamento, enquanto desafios para a escola e para a sociedade).

Como a escola deve oferecer condições de ensino e aprendizagem para todas as crianças independentemente do tipo de problemas que apresentam, crianças com dificuldades de aprendizagem, associadas a problemas socioemocionais e de relacionamento, constituem um desafio ao qual educadores, pesquisadores, técnicos, políticos e toda a sociedade precisam responder de algum modo.

Neste capítulo, apresenta-se um programa construído e testado com evidências de efetividade, aplicado a um grupo de crianças por uma psicoterapeuta. O programa pode ser utilizado por professores e por outros profissionais, para ajudar as crianças com dificuldades de aprendizagem por meio da intervenção sobre o funcionamento socioemocional delas, nesse caso, especificamente as habilidades sociais.

Dificuldades de aprendizagem, desenvolvimento socioemocional e habilidades sociais

> **Dificuldade de aprendizagem** é um termo aplicado ao desempenho acadêmico, abaixo do esperado para a idade cronológica e série escolar, quando da execução de tarefas que exigem leitura, escrita, fala e raciocínio matemático.
>
> Feitosa, Del Prette e Matos (2006)

As dificuldades de aprendizagem criam obstáculos para o progresso escolar normal, repercutindo nas aprendizagens posteriores, no rendimento acadêmico geral e em outros aspectos da vida da criança. Embora o indicador da dificuldade de aprendizagem seja o baixo rendimento acadêmico, ele encontra-se, em geral, associado a uma gama de fatores de ordens individual, familiar, emocional, psicológica, orgânica, pedagógica e social. Nesse conjunto, estão incluídos tanto os fatores escolares (organização dos conteúdos de ensino, preparação da equipe docente, ambiente social e físico da escola), como as características próprias do aluno e de sua história de vida, rejeitando-se, portanto, uma perspectiva exclusivamente biológica na compreensão das dificuldades de aprendizagem.

Um conjunto de estudos em nosso meio, comparando crianças com e sem dificuldade de aprendizagem (Bandeira, Rocha, Pires, Del Prette, & Del Prette, 2006; Carneiro, Martinelli, & Sisto, 2003; Cia & Barham, 2009; Del Prette & Del Prette, 2003; Lemos & Meneses, 2002; Marturano & Loureiro, 2003; Marturano, Linhares, & Parreira, 1999; Medeiros, Loureiro, Linhares, & Marturano, 2003; Okano, Loureiro, Linhares, & Marturano, 2004; Rosin-Pinola, Del Prette, & Del Prette, 2007; Santos & Graminha, 2006; Stevanato, Loureiro, Linhares, & Marturano, 2003) vem mostrando que as primeiras apresentam comprometimentos socioemocionais bastante preocupantes, evidenciados principalmente por: autoconceito mais negativo; baixo senso de eficácia; baixa popularidade entre os pares; maior incidência de problemas de comportamento e repertório mais deficitário de habilidades sociais.

É importante reconhecer, no entanto, que, considerando o **círculo vicioso** antes referido, se o rendimento acadêmico e as dificuldades de aprendizagem podem comprometer o funcionamento socioemocional, a intervenção sobre este pode também ser efetiva para reverter esse quadro, ou, pelo menos, amenizá-lo. Essa possibilidade é reforçada por evidências de que a promoção de habilidades sociais realizada com essas crianças favoreceu o desempenho acadêmico (August, Realmuto, Hekter, & Bloomquist, 2001; Molina & Del Prette, 2006; Wooster, 1986).

Os programas de Treinamento de Habilidades Sociais (THS) para crianças são geralmente realizados em formato grupal, com atividades lúdicas e vivenciais, associadas a técnicas comportamentais como reforçamento, modelação, modelagem, ensaio comportamental, *feedback* (verbal e em vídeo), relaxamento e tarefas de casa, e a técnicas cognitivas como o fornecimento de instrução direta, reestruturação cognitiva, resolução de problemas.

A. Del Prette e Del Prette (2001); Kavale e Mostert (2004); Z. Del Prette e Del Prette (2005)

No Brasil, alguns estudos mostraram que a promoção de habilidades sociais em **crianças com dificuldades de aprendizagem** gerou ganhos estatisticamente significativos em leitura e escrita, além de melhorias no repertório de comportamentos sociais (Molina & Del Prette, 2006) e, adicionalmente, no *status* sociométrico dessas crianças (Molina & Del Prette, 2008). Além disso, programas de habilidades sociais realizados com pais de crianças com dificuldades de aprendizagem resultaram em aumento nas habilidades sociais e na competência acadêmica das crianças (Barros, 2008), gerando mudanças positivas no autoconceito e no julgamento dos pares (Gonçalves & Murta, 2008).

Nos últimos vinte anos, outros recursos vêm sendo utilizados, em associação com as técnicas comportamentais e cognitivas, tais como histórias, contadas, ilustradas ou em vídeo (Sansosti & Smith, 2006), vídeos (Charlop-Christy, Le, & Freeman, 2000; Comodo, Del Prette, & Del Prette, 2008; Delano & Snell, 2006; Parsons, 2006; Sherer, Pierce, Paredes; Taylor, Theimann, &

Goldstein, 2001) e brincadeiras dirigidas ou livres (Vaughn, Kim, Sloan, Hughes, Elbaum, & Sridhar, 2003). **Recursos de realidade virtual** em ambiente informatizado também vêm sendo testados como procedimento para o ensino de habilidades sociais (Parson, Leonard, & Mitchell, 2006), seguindo o estudo pioneiro de Cromby, Standen e Brown (1996). Entende-se que esses recursos poderiam aumentar a motivação, encorajar o envolvimento ativo na aprendizagem, além de oferecer a experiência de controle da situação pelo participante.

No Brasil, pode citar-se o **Sistema Multimídia de Habilidades Sociais para Crianças** (SMHSC-Del-Prette, 2005b), que contém recursos de áudio, vídeo e informática, originalmente disponibilizados para avaliação de habilidades sociais. No entanto, um dos materiais desse conjunto, denominado **Recursos Multimídia de Habilidades Sociais para Crianças** (RMHSC-Del-Prette), foi também proposto pelos autores como potencialmente útil para uso em programas de intervenção em habilidades sociais. Essa proposta foi, então, testada e gerou o Programa Multimídia de Habilidades Sociais para Crianças (PMHSC), objeto do presente capítulo.

A construção do Programa Multimídia de Habilidades Sociais para Crianças

O **Programa Multimídia de Habilidades Sociais para Crianças (PMHSC)** partiu da proposta de Del Prette e Del Prette (2005b) de que os recursos multimídia do sistema de avaliação poderiam, também, ser utilizados em intervenção, especificamente para:

- apresentar modelos de comportamento socialmente competente ilustrando-se a topografia e a funcionalidade desses desempenhos;
- facilitar a discriminação de alternativas de comportamentos não habilidosos;
- promover outras habilidades, além das ilustradas, que podem ser requisitos para qualquer desempenho competente (observar e descrever comportamentos; identificar alternativas mais apropriadas para diferentes situações; estabelecer relação entre comportamento emitido e reação do interlocutor).

Com base em Del Prette e Del Prette (2005a, 2005b), o planejamento do PMHSC incluiu algumas etapas, descritas a seguir.

Análise das vinhetas de vídeo do RMHSC-Del-Prette

Em um primeiro momento, foi feita uma análise das vinhetas, buscando-se detalhar as principais habilidades sociais envolvidas em cada uma delas e também suas potencialidades em termos de habilidades complementares. Elas compõem os materiais multimídia do RMHSC-Del-Prette (Del Prette & Del Prette, 2005b) e compreendem 21 trechos de vídeo que ilustram situações de interação social de crianças com seus pares e com adultos, cada uma delas seguida por três trechos ilustrando reações (habilidosa, não habilidosa passiva e não habilidosa ativa/agressiva).

Elaboração de procedimentos para uso das vinhetas

Essa etapa também teve o objetivo não só de planejar procedimentos de interação com as crianças para o uso do material, como também de identificar uma possível sequência de habilidades, transitando das mais simples às mais complexas, de forma a explorar produtivamente as habilidades complementares para a ampliação do repertório das crianças. Como resultado dessa análise, definiu-se uma estrutura de apresentação e discussão das vinhetas de vídeo:

- apresentação da vinheta ilustrativa da situação ao grupo de crianças;
- apresentação individual de cada reação seguida de discussão com todas as crianças (com distribuição aleatória da ordem de apresentação das reações em cada situação);
- discussão em grupo, usando diferentes estratégias, tais como: perguntas diretas, uso de sorteios e de cartões coloridos, discussão em dupla, divisão das crianças em subgrupos com tarefas específicas (uma deveria observar o não verbal, outra o verbal, o ambiente etc.), solicitação de resolução da situação antes de apresentar as reações, formulação de perguntas dos próprios participantes uns para os outros etc.;
- seleção de aspectos pertinentes para a discussão: características não verbais, paralinguísticas e verbais dos comportamentos ilustrados nas vinhetas; antecedentes e consequentes associados aos comportamentos ilustrados, sentimentos envolvidos; dificuldade da criança em cada uma das reações; possíveis variações às respostas apresentadas no vídeo;
- seleção e organização de perguntas para a apresentação dialogada da situação e das reações;

- atividades complementares para a introdução e o fechamento de cada sessão, de modo a garantir a motivação das crianças em torno das habilidades em foco.

Proposta de estrutura para sessão

Com base em todos os itens da seção anterior, foi feito um pré-planejamento da estrutura de cada sessão, considerando-se os conteúdos e sequências relevantes, conforme experiências prévias em intervenção com crianças (Del Prette & Del Prette, 2005a) e propostas do manual de Del Prette e Del Prette (2005b). Esse planejamento e os recursos construídos para o programa permitiram definir a organização, cuja **estrutura** de cada **sessão** incluía:

- definição dos objetivos (centrais e complementares);
- listagem dos materiais requeridos;
- descrição detalhada dos procedimentos para cada uma das partes da sessão, especialmente em termos de vivências de aquecimento, vivência central associada às vinhetas, vivência final e tarefa de casa.

A **sessão inicial** do PMHSC foi planejada com atividades lúdicas, visando a estabelecer vínculo entre a pesquisadora e os participantes, além de explicar o funcionamento do programa, criar um clima de descontração para o princípio do treinamento, estabelecer regras e descrever as contingências do cumprimento ou descumprimento destas. Também foi planejada a entrega de cadernos a todos os participantes para, ao longo das sessões, anotarem as tarefas de casa e levarem recados da pesquisadora para os pais e vice-versa.

Da **segunda** à **21ª sessão**, o planejamento incluía o uso das vinhetas de vídeos do RMHSC-Del-Prette, juntamente com atividades relacionadas à habilidade em foco na sessão (*role-play*, exposição verbal, exercícios em grupo, tarefas de casa etc.). Assim, foi possível estruturar as demais sessões da seguinte forma:

- Verificação da tarefa de casa. Solicitação de relatos integrais; investigação da dificuldade, da situação e do interlocutor.
- Aquecimento. Vivência visando à pequena introdução à habilidade social focalizada na vinheta.
- Atividade central. Apresentação e discussão das vinhetas de vídeo.
- Atividade final. *Role-play* da habilidade social em foco na vinheta, vivências e outras atividades lúdicas (jogos e brincadeiras) envolvendo todos os participantes.
- Atribuição de tarefa de casa. Instrução e registro no caderno da habilidade social treinada na sessão e a ser exercitada até a próxima.
- Avaliação da sessão. Preenchimento da Ficha de Avaliação.

Planejamento e condução do programa

O planejamento geral do programa, quanto à sua estrutura (número de participantes, material didático, organização de horário etc.), foi parcialmente baseado nas etapas anteriores; seu funcionamento (seleção de vivências, atribuição de tarefas etc.) baseou-se principalmente na avaliação pré-intervenção do repertório das crianças participantes. Essa avaliação focalizou:

- desempenho acadêmico (TDE, Stein, 1994);
- autorrelato e o relato de pais e professores (escala) sobre habilidades sociais, problemas de comportamento e competência acadêmica (Sistema de Avaliação de Habilidades Sociais, SSRS-BR, Bandeira, Del Prette, Del Prette & Magalhães, 2009);
- desempenho individual da criança nas classes de habilidades sociais previstas para o PMHSC, filmado em situação de *role-play* breve.

Participantes

Participaram do PMHSC catorze crianças da terceira série do ensino fundamental de uma escola pública de uma cidade de aproximadamente 250 mil habitantes do interior do estado de São Paulo. As crianças tinham uma média de 9,4 anos (DP=3,13), sendo nove meninas e cinco meninos, a maioria de nível socioeconômico C (conforme Critério Brasil[1]). As crianças foram selecionadas a partir da indicação da professora de que apresentavam baixo rendimento acadêmico, configurando uma intervenção do tipo seletiva (Gresham, 2009).

Estrutura geral do programa

Foram realizadas 22 sessões do PMHSC durante dois meses, na frequência de três vezes por semana em período do dia oposto ao das aulas escolares das crianças, totalizando 25 horas de

---

[1] Este instrumento (IBOPE/ABEP, 2003; disponível em http://www.abep.org) avalia o poder de compra dos respondentes baseado na posse de bens de consumo, no nível educacional do chefe da família e em outros fatores, dividindo a população brasileira em cinco classes, que, no ano 2000, eram compostas como segue: A1 (1%), A2 (5%), B1 (9%), B2 (14%), C (36%), D (31%) e E (4%).

treinamento. Cada sessão teve duração aproximada de setenta minutos. A sessão final foi utilizada para os participantes avaliarem o treinamento e para uma confraternização com as crianças. O programa previa sessões de revisão ou reposição, a serem conduzidas quando: (a) três ou mais participantes não desempenhavam a contento os componentes de uma habilidade-alvo, previamente ensinada, na avaliação por meio do *role-play* breve; (b) três ou mais participantes faltavam a uma sessão; (c) algum participante apresentava maior dificuldade durante uma sessão.

Habilidades focalizadas

A condução do programa foi realizada razoavelmente da forma planejada. O PMHSC focalizou seis classes amplas de habilidades sociais (Del Prette & Del Prette, 2001; 2005a):

- Participação
- Habilidades Acadêmicas
- Civilidade
- Empatia
- Autocontrole
- Assertividade

Algumas habilidades sociais complementares, não contempladas nas vinhetas de vídeo, foram inseridas na sessão em diferentes momentos e acopladas ao aquecimento, aos diálogos, à discussão sobre a vinheta de vídeo e à atividade final:

- Habilidades adicionais de civilidade: seguir regras e instruções; chamar o outro pelo nome; prestar atenção quando as pessoas estão falando; aguardar a vez para falar; cumprimentar as pessoas e despedir-se delas; usar locuções como "por favor", "com licença", "obrigado"; apresentar-se a desconhecidos; demonstrar respeito às diferenças.
- Lidar com sentimentos: reconhecer e nomear as emoções próprias e as dos outros; expressar emoções; expressar compreensão pelo sentimento do outro; lidar com sentimentos negativos.
- Autocontrole: acalmar-se; controlar o humor.

Organização de cada sessão

As sessões foram conduzidas de forma bastante próxima à estrutura previamente proposta. A **verificação da tarefa de casa** era realizada brevemente no início da sessão, em um curto período de tempo, quando cada participante, à escolha da facilitadora, era solicitado a relatar a tarefa em termos das observações que fizera. Além disso, a criança era solicitada a apresentar ao pesquisador o caderno em que a tarefa havia sido anotada, como no exemplo ao lado.

Exemplo de tarefa de casa (Expressar desagrado)

Se algum colega fizer algo de que você não gostou, diga para ele que você NÃO gostou. Anote no caderno o que a pessoa fez/disse e a sua resposta a ela.

A **atividade inicial** foi ligeiramente modificada ao final do ensino da classe **Empatia**, quando se instaurou, logo no início da sessão, a atividade de **Preencher o Quadro dos sentimentos**. Os participantes chegavam à sessão e assinalavam, em um quadro na parede, qual o sentimento que identificavam como mais forte em si naquele momento. Essa atividade teve como objetivo levar os participantes a: (a) reconhecer e compreender os próprios sentimentos; (b) estabelecer a relação entre acontecimentos, comportamentos abertos e sentimentos.

Exemplo de atividade de aquecimento (Pedir para participar de brincadeiras)

Objetivo. Descontrair-se por meio de movimentos corporais e tomar contato com o tema da sessão.

Procedimento. A facilitadora pede às crianças que caminhem pela sala livremente. Em seguida, avisa-lhes que vai dizer o nome de uma brincadeira e que cada uma deve fazer um movimento com o corpo que seja característico dessa brincadeira. Enfatiza que a atividade deve ser realizada em silêncio. Em alguns momentos, pede às crianças que alternem o ritmo da caminhada entre uma e outra citação de brincadeira e consequencia positivamente o seguimento de instrução (Isso! Muito bem!) e acerto nos movimentos. (Exemplos de algumas brincadeiras que podem ser utilizadas: amarelinha, pular corda, ciranda, estátua, esconde-esconde, pular de um pé só, entre outras).

A etapa de **aquecimento** tinha por objetivo introduzir, de forma vivencial e lúdica, o tema central da sessão, ou seja, a habilidade social específica a ser discutida e ensinada, assim como investigar o repertório de entrada dos participantes, referente a essa habilidade. Essa atividade durava em torno de dez minutos.

Na **atividade central**, de uso da vinheta de vídeo, a facilitadora iniciava com a apresentação da situação em um monitor, depois pausava o vídeo e introduzia a discussão com o grupo acerca do contexto da situação, personagens envolvidos, comportamento esperado como reação e diferentes alternativas para lidar com a situação. Em seguida, apresentava as possibilidades de reação à situação: habilidosa, não habilidosa passiva e não habilidosa ativa (em ordem aleatória), cada uma delas seguida por uma discussão que visava a levar as crianças a:

- descrever os componentes verbais, não verbais e paralinguísticos do comportamento dos personagens;
- identificar os antecedentes e consequentes do comportamento indicado;
- inferir os possíveis pensamentos e sentimentos dos personagens em diferentes papéis.

A forma de conduzir a discussão variava a cada sessão, para evitar a habituação e garantir a atenção dos participantes. Segue-se um exemplo de atividade central.

Exemplo de Atividade central
(Perguntar por quê; questionar)

1. Apresentar a situação da vinheta doze do RMHSC-Del-Prette.
2. Fazer perguntas sobre a situação: "O que está acontecendo nessa situação? O que vocês acham que Renata vai fazer? Você gostaria de levar uma resposta grosseira de seu colega? O que faria? Alguém já viveu situação semelhante? O que fez? Como se sentiu? Qual foi a reação da outra pessoa? Como vocês acham que ela se sentiu?".
3. Entregar três cartões coloridos para análise das reações: "Vou entregar a cada um três cartões; vejam. Cada um tem um significado: vermelho=errado; amarelo=mais ou menos; verde=correto. Ao final de cada reação que vamos ver, vou pedir para escolherem o cartão que melhor expressa o que acham dessa forma de agir".
4. Apresentar as reações. Para esta situação, apresentar as reações na sequência: não habilidosa passiva, não habilidosa ativa e habilidosa. Em seguida à apresentação de cada reação, pedir avaliação por meio dos cartões e discutir como sugerido abaixo.
   a. Reação não habilidosa passiva: "O que Renata fez? Vocês costumam agir desse jeito? É certo ou errado? Por quê? O que vocês acham que Renata está sentindo? O que ela deveria fazer? Vocês

acham certo a pessoa ficar magoada e não conversar com seu colega? O que pode acontecer se ela fizer desta forma (para si e para os outros)?".

b. Reação não habilidosa ativa: "Qual foi a atitude de Renata? Alguém já agiu desse jeito? É certo ou errado? Por quê? Como ela falou com Luís? Como foi a voz dela? Vocês costumam agir desse jeito? Vocês acham que ficar bravo irá resolver o problema? O que pode acontecer se ela fizer deste jeito (para si e para os outros)? O que Renata poderia fazer de diferente?".

c. Reação habilidosa: "O que Renata fez? Como ela falou com Luís? Vocês costumam agir desse jeito? É certo ou errado? Por quê? Vocês acham que uma conversa poderia resolver o problema? Existe alguma dificuldade em fazer desse jeito? Que outra forma Renata poderia falar com Luís?".

5. *Role-play*: "Agora vamos fazer um teatrinho da melhor forma de reagir na situação a que assistimos. Vamos ver o que mais vocês poderiam fazer?". Deve conduzir-se o role-play com as crianças, cuidando para que todas participem de algum modo (diretamente ou observando e avaliando), com instruções diretas para isso e *feedback* positivo para participação, envolvimento e qualidade dos desempenhos observados. É importante mediar *feedback* entre as crianças também.

A **atividade final** foi planejada para os participantes treinarem as habilidades apresentadas na vinheta de vídeo, por meio de um *role-play* e de outras tarefas lúdicas. Enquanto alguns participantes desempenhavam, os outros eram solicitados a observar, a dar *feedback*, elogiar ou corrigir a resposta do colega. Essas atividades eram articuladas a técnicas cognitivo-comportamentais como modelagem, modelação, reforçamento, instrução, *feedback*, instruções, tarefas de casa, utilizadas conforme a pertinência aos desempenhos dos participantes.

Exemplo de atividade Final (Negociar, convencer)

Objetivos. Habilidades de negociação e convencimento.

Materiais. Figurinhas adesivas; envelope para escondê-las.

Procedimento. O facilitador dispõe em uma mesa um envelope para cada participante; nele há uma figurinha adesiva que a criança não vê de imediato. Em seguida, explica que cada criança ficará em frente ao envelope à sua frente sobre a mesa e, somente quando for determinado, os envelopes deverão ser abertos. Continua explicando que dentro deles há figurinhas adesivas destinadas para meninos e meninas. Assim que cada participante olhar a sua figura, deverá mostrá-la aos outros participantes e poderá tentar trocar a figurinha com algum outro. A solicitação para a troca deve envolver a habilidade de negociar, ou seja, deve haver uma proposta e um argumento que convençam o outro (por exemplo, que ambos sairão ganhando com a troca); assim, quem solicita deve agir de maneira habilidosa. A tentativa de negociação deve ser mediada pelo facilitador, que pode oferecer ajuda mínima, e será realizada com uma criança por vez. Poderão ocorrer várias rodadas de trocas até todos os participantes desempenharem a habilidade de negociação.

A **atribuição de tarefa de casa** foi um componente importante, principalmente utilizado para: (a) avaliar e fortalecer as aquisições comportamentais dos participantes; (b) fortalecer e generalizar as aquisições ocorridas durante a sessão de treinamento para os ambientes cotidianos da criança. No momento da atribuição da tarefa, solicitava-se que a criança a anotasse no caderno para não esquecê-la e se estabelecia uma quantidade de vezes que ela deveria ser realizada. Caso um ou dois participantes do grupo demonstrassem muita dificuldade em apresentar uma habilidade já ensinada, eram atribuídas tarefas de casa específicas, adicionais, a esses participantes.

Na **avaliação**, a parte final da sessão, os participantes deveriam assinalar sua posição entre os dois extremos de uma Ficha de Avaliação, conforme ilustrado na Figura 2. Ao final da semana, os participantes presentes recebiam brindes de acordo com a assiduidade.

Nome:______________________________ Série:_____ Nº da sessão:_____

NÃO GOSTEI (0) GOSTEI MUITO (10)

Figura 2.
Ficha de avaliação.

Resultados do PMHSC

A avaliação do PMHSC envolveu também a elaboração dos instrumentos e dos procedimentos para isso. Essa parte não está descrita em detalhe neste capítulo, mas pode ser acessada em Lopes (2009). A efetividade do programa foi verificada por meio de dois delineamentos. O primeiro foi o **delineamento experimental de grupo**, com a alocação aleatória das crianças para um Grupo Experimental (GE, que participou da intervenção) e um Grupo Controle (GC[2]), com avaliações antes e depois da intervenção, que foram objeto de comparação entre grupos e entre os dois momentos. Além de servir para aferir a eficácia do programa, a avaliação inicial foi usada como base para os ajustes nos objetivos e nos procedimentos do programa às necessidades específicas do grupo de crianças participantes.

O segundo foi um **delineamento de Linha de Base Múltipla** (Lopes, 2009): o treino era feito com cada classe de habilidade social, uma por vez, mas, antes e depois do treino de cada uma delas, todas as crianças do GE eram individualmente avaliadas. Foi possível, portanto, verificar o impacto do PMHSC sobre cada habilidade-alvo à medida que as crianças iam sendo treinadas, e eventualmente sobre as demais, caso houvesse alguma generalização. Assim, além de importante para aferir a eficácia do PMHSC, a avaliação continuada foi também essencial para o monitoramento e os ajustes ao longo da condução do programa.

---

2 Após o encerramento da pesquisa, foi feita uma intervenção similar à do Grupo Experimental com os participantes do Grupo-Controle, atendendo a um compromisso ético previamente estabelecido.

Os múltiplos resultados foram objeto de análises estatísticas, descritivas e inferenciais, que apontaram a eficácia do programa. Na **avaliação por escala de relato (SSRS-BR)**, os resultados mostraram ganhos significativamente maiores para as crianças do GE:

- nos escores gerais de habilidades sociais;
- em subclasses específicas de habilidades, na avaliação dos pais (Cooperação e Autocontrole), na avaliação da própria criança (Autocontrole e Assertividade) e na avaliação dos professores (Responsabilidade/Cooperação; Asserção positiva; Autocontrole; Autodefesa);
- em Competência acadêmica na avaliação do professor.

As crianças do GC também apresentaram (poucos) ganhos, na avaliação do professor (Asserção positiva) e na autoavaliação das crianças (Responsabilidade).

Os ganhos mais expressivos do GR, porém, ocorreram na situação de **desempenho observável**, por meio *role-play* breve, cujos registros filmados foram avaliados por dois juízes independentes: as crianças do GE obtiveram, após o treino, valores significativamente maiores que as do GC, tanto nos escores das classes de habilidades sociais como na análise molecular dos componentes não verbais, paralinguísticos e verbais de cada uma dessas habilidades. Verificou-se ainda que, após a intervenção em cada uma das classes de habilidades sociais, o desempenho individual apresentava uma melhora significativa em relação à avaliação imediatamente precedente, mostrando o impacto positivo do programa.

Mudanças no comportamento das crianças também foram relatadas pelos **professores ao longo do programa**, principalmente em termos de maior participação nas atividades de sala. Como exemplo, uma das professoras relatou que a aluna A sempre se esquivava de realizar tarefas na lousa (pedia para ir ao banheiro) e, após o início do programa, passou não só a pedir para ir à lousa, como também a pedir ajuda para esclarecer suas dúvidas. As professoras relataram que as crianças participantes do PMHSC contavam às demais o que estavam aprendendo nas sessões, descrevendo as brincadeiras e a importância de determinadas habilidades sociais (por exemplo, a importância de chamarem os outros pelo nome e de ter contato visual) o que pode ter contribuído para os ganhos verificados entre as crianças do GC.

No geral, **os pais** relataram que, durante e após o programa, as crianças estavam mais cooperativas em casa (ofereciam ajuda em tarefas domésticas, principalmente) e mais "educadas" (utilizavam mais frequentemente palavras como **por favor, obrigado, desculpe** etc.).

Discussão e considerações finais

O PPMHSC mostrou-se um programa efetivo e viável para uso com grupos de crianças que apresentam dificuldades de aprendizagem e comprometimentos socioemocionais. Foi conduzido na escola, em uma sala de aula, com os equipamentos disponíveis nesse contexto.

Os resultados mostraram a potencialidade dos recursos de vídeo do RMHSC-Del-Prette (Del Prette & Del Prette, 2005b), conforme recomendado pelos seus autores, especialmente se acoplados a um programa planejado de acordo com as necessidades das crianças participantes e com procedimentos adicionais pertinentes para a promoção de aprendizagem. Em outras palavras, recursos não são aqui defendidos como fatores de efetividade em si, mas como instrumentos a serem produtivamente explorados no arranjo de condições para a promoção de habilidades sociais.

Esse arranjo inclui um profissional com preparo para conduzir interações educativas com um grupo de crianças, tal como defendido por Del Prette e Del Prette (2005a) no caso de programas exclusivamente vivenciais. Nesse sentido, é importante destacar que a aplicação do PMHSC requer a preparação do profissional tanto no campo teórico-prático das habilidades sociais quanto na familiarização com o manejo de técnicas cognitivo-comportamentais para programar as sessões de treinamento e lidar com os comportamentos dos participantes.

Um ponto ainda a ser pesquisado em relação ao PMHSC refere-se à **manutenção dos efeitos obtidos**, em estudo de seguimento. O monitoramento feito ao longo do programa sugere que as aquisições foram se mantendo e se ampliando, com impacto positivo de algumas sobre outras. Pode supor-se que esse processo, disseminado para a escola inteira e focalizado em habilidades significativas no cotidiano dos alunos, com alta probabilidade de consequências positivas para todos, poderia ter impacto na melhora da qualidade das relações entre crianças, destas com professores e no seu desenvolvimento socioemocional como um todo. Também se pode, em longo prazo, avaliar seus desdobramentos para o ambiente familiar.

O PMHSC encontra-se em fase de disseminação para a escola, por meio da capacitação de professores para conduzi-lo diretamente com as crianças em sala de aula, o que inclui o treinamento em seu repertório de habilidades sociais educativas (Del Prette & Del Prette, 2008). Trata-se de uma transição importante e necessária, iniciada em outros estudos com professores (Del Prette & Del Prette, 1997, 2003; Vila & Del Prette, 2009) e com a disponibilização do manual de vivências para o desenvolvimento socioemocional na escola (Del Prette & Del Prette, 2005a).

Recomendações ao terapeuta ou ao educador

- Estabelecer previamente com as crianças as normas de funcionamento do programa.
- Recolocar as normas combinadas quando necessário (quebra de alguma regra).
- Distribuir de forma equilibrada as oportunidades de participação das crianças na sessão: criar condições para as que participam pouco, consequenciando-as sempre que o fizerem; restringir as que tendem a monopolizar a atenção, estimulando-as também a ouvir.
- Uma das normas importantes é a restrição quanto a levar para a sessão qualquer material (brinquedos, alimentos) que distraia a atenção das atividades programadas.
- Ao verificar alternativas junto às crianças, evitar a avaliação imediata, procurando estimular as próprias crianças a fazerem as avaliações pertinentes.
- Fornecer detalhadamente as instruções para uso de qualquer material a ser utilizado na sessão (canetas, cadernos, papel de desenho, brinquedos etc.) **antes** de

entregá-lo porque depois fica mais difícil obter a atenção da criança.

- Ficar atento a todo e qualquer comportamento adequado das crianças, consequenciando-o positiva e imediatamente.
- Ignorar comportamentos inadequados, desde que não envolvam risco para a própria criança ou para as demais.
- Manter contato com pais e professores, para monitorar a generalização das aquisições para o contexto de casa e sala de aula.
- Atualizar continuamente o registro dos comportamentos das crianças (por exemplo, diário de campo), como forma de identificar eventuais comportamentos problemáticos não identificados previamente.
- Reservar um espaço, ao final da sessão, para as crianças esclarecerem dúvidas ou comentarem aspectos da sessão.

Referências

August, G., Realmuto, G., Hektner, J., & Bloomquist, M. (2001). An integrated components preventive intervention for aggressive elementary school children: The early risers program. *Journal of Consulting and Clinical Psychology*, 69, 641-626.

Bandeira, M., Del Prette, Z.A. P., Del Prette, A., & Magalhães T. (2009). Validação das Escalas de habilidades sociais, comportamentos problemáticos e competência acadêmica (SSRS-BR) para o Ensino Fundamental. *Psicologia: Teoria e Pesquisa, 25*(2), 271-282.

Bandeira, M., Rocha, S. S., Pires, L. G., Del Prette, Z. A. P., & Del Prette, A. (2006). Competência acadêmica de crianças no Ensino Fundamental: características sociodemográficas e relação com habilidades sociais. *Interação em Psicologia, 10*(1), 53-62.

Bandeira, M., Rocha, S. S., Souza, T. M. P., Del Prette, Z. A. P., & Del Prette, A. (2006). Comportamentos problemáticos em estudantes do ensino fundamental: Características da ocorrência e relação com habilidades sociais e dificuldade de aprendizagem. *Estudos em psicologia, 11*(2), 199-208.

Barros, S. K. S. N. (2008). *Treinamento de habilidades sociais educativas para pais de crianças com dificuldades de aprendizagem*. Dissertação de mestrado, Programa de Pós-graduação em Educação Especial, Universidade Federal de São Carlos, São Paulo.

Carneiro, G. R. S., Martinelli, S. C., & Sisto, F. F. (2003). Autoconceito e dificuldades de aprendizagem na escrita. *Psicologia: Reflexão e Crítica, 16*(3), 427-434.

Charlop-Christy, M. H., Le, L., & Freeman, K A. (2000). A comparison of video modeling with in-vivo modeling for teaching children with autism. *Journal of Autism and Developmental Disorders, 30*, 537-552.

Cia, F., & Barham, E. J. (2009). Repertório de habilidades sociais, problemas de comportamento, autoconceito e desempenho acadêmico de crianças no início da escolarização. *Estudos de Psicologia, 16*(1), 45-55.

Comodo, C. N., Del Prette, A., & Del Prette, Z. A. P. (2008). *O passeio de Bia*. Vídeo instrucional disponível com os autores.

Cromby, J. J., Standen, P. J., & Brown, D. J. (1996). The potentials of virtual environments in the education and training of people with learning disabilities. *Journal of Intellectual Disability Research, 40*(6), 489-501.

Del Prette, A., & Del Prette, Z. A. P. (2001). *Psicologia das relações interpessoais: Vivências para um trabalho em grupo*. Petrópolis: Vozes.

Del Prette, A., & Del Prette, Z. A. P. (2003). Aprendizagem sociemocional na escola e prevenção da violência: Questões conceituais e metodologia de intervenção. In A. Del Prette & Z. Del Prette (Eds.), *Habilidades sociais, desenvolvimento e aprendizagem: Questões conceituais, avaliação e intervenção* (pp. 83-127). Campinas: Alínea.

Del Prette, Z. A. P., & Del Prette, A. (1997). Um programa de desenvolvimento de habilidades sociais na formação continuada de professores. In *Associação Nacional de Pesquisa em Educação (Org.), CD-Rom dos trabalhos selecionados para apresentação na 20a. Reunião Anual da ANPED.* Caxambu, Minas Gerais.

Del Prette, Z. A. P., & Del Prette, A. (2005a). *Psicologia das habilidades sociais na infância: Teoria e Prática*. Petrópolis: Vozes.

Del Prette, Z. A. P., & Del Prette, A. (2005b). *Sistema Multimídia de Habilidades Sociais para Crianças (SMHSC-Del Prette & Del Prette)*. São Paulo: Casa do Psicólogo.

Del Prette, Z. A. P., & Del Prette, A. (2008). Um sistema de categorias de habilidades sociais educativas. *Paidéia: Cadernos de Psicologia e Educação, 18*(41), 517-530.

Delano, M., & Snell, M. E. (2006). The effects of social stories on the social engagement of children with autism. *Journal of Positive Behavior Interventions, 8*(1), 29-42.

Feitosa, F. B., Del Prette, Z. A. P., & Matos, M. G. (2006). Definição e avaliação das dificuldades de aprendizagem (I): Os impasses na operacionalização dos distúrbios de aprendizagem. *Revista de Educação Especial e Reabilitação, 13*, 33-45.

Gonçalves, E. S., & Murta, S. G. (2008). Avaliação dos efeitos de uma modalidade de treinamento de habilidades sociais para crianças. *Psicologia: Reflexão e Crítica, 21*(3), 430-436.

Gresham, F. M. (2009). Análise do comportamento aplicada às habilidades sociais. In Z. Del Prette & A. Del Prette (Orgs.), *Psicologia das Habilidades Sociais: diversidade teórica e suas implicações* (pp. 17-66). Petrópolis: Vozes.

Kavale, K. A., & Mostert, M. P. (2004). Social skills interventions for individuals with learning disabilities. *Learning Disability Quarterly*, *27*, 31-43.

Kern, L., DuPaul, G. J., Volpe, R. J., Sokol, N. G., Lutz, J. G., Arbolino. L. A., *et al.* (2007). Multisetting assessment-based intervention for young children at risk for attention deficit hyperactivity disorder: initial effects on academic and behavioral functioning. *School Psychology Review, 36* (2), 237-255.

Lemos, M. S., & Meneses, H. I. (2002). A avaliação da competência social: Versão portuguesa da forma para professores do SSRS-BR. *Psicologia: Teoria e Pesquisa, 18*(3), 267-274.

Lopes, D. C. (2009). Recursos multimídia na promoção de habilidades sociais em crianças com dificuldade de aprendizagem. Dissertação de mestrado. Programa de Pós-Graduação em Educação Especial, Universidade Federal de São Carlos, São Carlos.

Marturano, E. M., & Loureiro, S. R. (2003). O desenvolvimento socioemocional e as queixas escolares. In Z. Del Prette & A. Del Prette (Eds.), *Habilidades sociais, desenvolvimento e aprendizagem* (pp. 259-291). Campinas: Alínea.

Marturano, E. M., Linhares, M. B. M., & Parreira, V. L. C. (1999). Problemas emocionais e comportamentais associados a dificuldades na aprendizagem escolar. *Medicina Ribeirão Preto, 26*(2), 161-175.

Medeiros, P. C., Loureiro, S. R., Linhares, M. B. M., & Marturano, E. M. (2003). O senso de auto-eficácia e o comportamento orientado para a aprendizagem com crianças com queixa de dificuldade de aprendizagem. *Estudos de Psicologia, 8*(1), 93-105.

Molina, R. C. M., & Del Prette, A. (2008). Mudança no status sociométrico negativo de alunos com dificuldades de aprendizagem. *Psicologia Escolar e Educacional, 11(2)*, 299-310.

Molina, R. C. M., & Del Prette, Z. A. P. (2006). Funcionalidade da relação entre habilidades sociais e dificuldades de aprendizagem. *Psico-USF, 11*(1), 53-63.

Murta, S. G. (2005). Aplicações do treinamento em habilidades sociais: Análise da produção nacional. *Psicologia: Reflexão e Crítica, 18*(2), 283-291.

Okano, C. B., Loureiro, S. R., & Linhares, M. B. M. (2004). Crianças com dificuldades escolares atendidas em programa de suporte psicopedagógico na escola: avaliação do autoconceito. *Psicologia: Reflexão e Crítica, 17*(1), 121-128.

Parson, L. D. (2006). Using video to teach social skills secondary students with autism. *Teaching Exceptional Children, 39*(2), 32-38.

Parsons, S., Leonard, A., & Mitchell, P. (2006). Virtual environments for social skills training: Comments from two adolescents with autistic spectrum disorder. *Computer and Education, 47*, 186-206.

Rosin-Pinola, A. R., Del Prette, Z. A. P., & Del Prette, A. (2007). Habilidades sociais e problemas de comportamento de alunos com deficiência mental, alto e baixo desempenho acadêmico. *Revista Brasileira de Educação Especial, 13*(2), 239-256.

Sansosti, F., & Smith, K. A. P. (2006). Using social stories to improve the social behavior of children with Asperger Syndrome. *Journal of Positive Behavior Interventions*, 8(1), 43-57.

Santos, P. L., & Graminha, S. S. V. (2006). Problemas emocionais e comportamentais associados ao baixo rendimento acadêmico. *Estudos de Psicologia, 11*(1), ISSN 1413-294X.

Sherer, M., Pierce, K. L., Paredes, S., Kisacky, K L., Ingersoll, B., & Schreibman, L. (2001). Enhancing conversation skills in children with autism via video technology: Which is better, "Self" or "Other" as a model? *Behavior Modification, 25*, 140-148.

Stein, L. M. (1994). *TDE: Teste de desempenho escolar: Manual para aplicação e interpretação*. São Paulo: Casa do Psicólogo.

Stevanato, I. S., Loureiro, S. R., Linhares, M. B. M., & Marturano, E. M. (2003). Autoconceito de crianças com dificuldade de aprendizagem e problemas de comportamento. *Psicologia em Estudo*, 8(1), 67-76.

Taylor, B. A., Levin, L., & Jasper, S. (1999). Increasing play-related statements in children with autism toward their siblings: Effects of videomodeling. *Journal of Developmental and Physical Disabilities, 11*, 253-264.

Theimann, K., & Goldstein, H. (2001). Social stories, written text cues, and video feedback: Effects on social communication of children with autism. *Journal of Applied Behavior Analysis*, *24*, 425-446.

Vaughn, S., Kim, A., Sloan, C. V. M., Hughes, M. T., Elbaum, B., & Sridhar, D. (2003). Social skills interventions for young children with disabilities. *Remedial and Special Education*, *24*(1), 2-15.

Vila, E. M., & Del Prette, A. (2009). Relato de um programa de treinamento de habilidades sociais com professores de crianças com dificuldades de aprendizagem. In S. R. de Souza & V. B. Haydu. (Org.), *Psicologia Comportamental Aplicada: Avaliação e intervenção nas áreas do esporte, clínica, saúde e educação (pp.* 113-135). Londrina: EDUEL.

Wooster, A. (1986). Social skills training and reading gain. *Educational Research*, *28*, 8-71.

6

Programa vivencial *versus* programa instrucional de habilidades sociais: Impacto sobre a autoeficácia de universitários

Fabián Orlando Olaz
Leonardo Adrian Medrano
Gabriela Alicia Cabanillas

A aquisição de comportamentos sociais é resultante de processos de aprendizagem ao longo da vida; assim, a transição do indivíduo para novos grupos e contextos sociais provoca mudanças em seus objetivos de interação e exigências de repertório de comportamentos interpessoais mais elaborados. De acordo com Del Prette, Del Prette e Barreto (1999), há maior demanda na adolescência, pois professores e pais esperam comportamentos sociais mais elaborados.

A adolescência é uma fase crítica do desenvolvimento, cuja vulnerabilidade pode tornar-se maior ainda, especialmente quando da transição de sair de casa para viver em outro local. Esse período, que ocorre por volta dos dezoito ou dezenove anos, é representado pela entrada na universidade, pela procura de emprego e pelas definições afetivas. De modo geral, as **habilidades sociais podem exercer um efeito protetor** contra as dificuldades que o indivíduo irá enfrentar ao ingressar no mundo adulto.

Habilidades Sociais (HS) são comportamentos que podem expressar atitudes, desejos, opiniões ou direitos de uma forma adequada à situação, respeitando a expressão desses comportamentos nos outros.

Knight (2000)

Em termos funcionais, as habilidades sociais são um conjunto de comportamentos que ocorrem nas interações entre as pessoas e contribuem para a competência social.

A. Del Prette e Del Prette (2008)

Desde os estudos clássicos conduzidos por Argyle, Bryant e Trower (1974) sobre desempenho social com estudantes universitários, observa-se que essa população apresenta diferentes tipos de déficits em habilidades sociais. Na América Latina, Abarca e Hidalgo (1989) constataram que 37,3% dos estudantes chilenos apresentaram dificuldades interpessoais, enquanto, no Brasil, Del Prette e Del Prette (1983) encontraram em estudantes de Psicologia déficits em habilidades de recusar pedidos, discordar, contra-argumentar e defender suas próprias ideias. Além disso, um estudo recente na Argentina (Herrera Lestussi, Freytes, López, & Olaz, no prelo) indicou uma alta porcentagem de estudantes universitários de Psicologia com déficits em habilidades sociais e um percentual muito baixo de alunos com um repertório adequado dessas habilidades. Tais déficits podem afetar diretamente o bem-estar psicológico, assim como o desempenho profissional desses estudantes.

Os déficits de habilidades sociais afetam a qualidade de vida dos estudantes universitários e dos adolescentes, uma vez que estão diretamente associados com o aparecimento de problemas típicos dessa fase do desenvolvimento, tais como timidez, ansiedade social, dificuldade na resolução de problemas e abuso de substâncias. Também há relatos de uma associação entre baixa competência social e fracasso escolar (Heather & Betz, 2000), transtorno de déficit de atenção (Canu & Carlson, 2003) e depressão (Gable & Shean, 2000). Além disso, os resultados de diferentes estudos têm demonstrado que um repertório adequado de habilidades sociais pode funcionar como um fator de proteção contra as patologias psicológicas típicas deste período do desenvolvimento.

Treinamento de Habilidades Sociais (THS) pode ser definido como um conjunto coordenado de técnicas e procedimentos para o ensino ou o aperfeiçoamento das habilidades sociais (Del Prette & Del Prette, 2002). Este tipo de intervenção busca, de maneira direta e sistemática, ensinar estratégias e habilidades, objetivando melhorar a competência social do indivíduo.

Assim, Jensen-Campbell e colaboradores (2002) constataram que os adolescentes socialmente competentes tendem a ser **menos vulneráveis** à **vitimização** por parte de seus pares, enquanto Denis, Hamarta e Aris (2005) encontraram diferenças significativas nas habilidades sociais e nos sentimentos de solidão entre os estudantes universitários que possuíam amigos em relação aos que não possuíam. Os alunos que tinham pelo menos um amigo mostraram um melhor repertório de habilidades sociais e menor sentimento de solidão. Levando-se em consideração que esta pesquisa tinha um delineamento *ex-post facto*, os resultados também podem indicar que um repertório adequado de habilidades sociais poderia facilitar o acesso a um parceiro, impactando diretamente nos sentimentos de solidão dos jovens. De fato, estudos recentes como os de Karagözoğlu, Kahve, Koc e Adamişoğlu (2008) e León Camargo, Rodriguez Angarita, Ferrel Ortega e Ceballos Ospina (2009) evidenciam que estudantes universitários com **melhor avaliação em assertividade** também apresentam **altas pontuações na autoestima**.

Além disso, vários autores assinalaram a importância de um repertório adequado de habilidades sociais para o desenvolvimento profissional dos jovens. A complexidade das demandas sociais em ambientes de trabalho exige o aperfeiçoamento dessas habilidades desde a admissão na universidade. O adolescente que ingressa na universidade é colocado à prova em novas e variadas situações sociais, e seu desempenho nestas é, em grande parte, determinado por suas habilidades sociais. Nesse sentido, Zea, Tyler e Franco (1991) identificaram não apenas diferenças no sucesso profissional de acordo com a competência interpessoal dos alunos, mas também diferenças na competência social de estudantes universitários de acordo com a área de formação acadêmica, além de correlações moderadas entre competência social e sucesso acadêmico.

Não obstante, A. Del Prette e Del Prette (2003) assinalam que, em geral, a importância das **habilidades** sociais para um desempenho profissional adequado tem sido subestimada em comparação com o conhecimento **técnico** na formação universitária. Também as universidades argentinas não contam com programas de treinamento das habilidades sociais. Portanto, é compreensível que, em diferentes investigações, tenha sido observada uma alta prevalência de déficits de habilidades sociais nesta população.

Os resultados de sete estudos de metanálise da eficácia de programas de treinamento de habilidades sociais em crianças e adolescentes apontam para a efetividade deste tipo de intervenção (Gresham, 2009). Em seis dos sete estudos, observou-se uma média de tamanho do efeito de r=0,29 (com um intervalo de 0,19 a 0,40), sugerindo que aproximadamente 65% dos participantes do grupo de THS mostraram mudanças positivas em comparação com apenas 35% do grupo-controle, utilizando uma interpretação binomial – *Binomial Effect Size Display* ou BESD (Rosenthal & Rosnow, 1991), conforme Gresham (2009).

Avaliação da eficácia e efetividade das intervenções psicológicas

Uma característica da abordagem cognitivo-comportamental é a necessidade de fundamentar a utilidade dos métodos utilizados nas intervenções. Por isso, a avaliação da eficácia das intervenções utilizadas torna-se uma tarefa crítica para o psicólogo. A investigação sobre a **eficácia e a efetividade das intervenções** para promover as mudanças psicológicas é uma questão central há muito tempo (Hamilton & Dobson, 2001) e resultou em diversas publicações e debates internacionais. Nos Estados Unidos, a investigação sobre os tratamentos mais eficazes para cada transtorno da Divisão 12 (Psicologia Clínica) da Associação Americana de Psicologia e os grupos de trabalho organizados para isso (APA *Presidencial Task Force on Evidence-Based Practice*, 2006) refletem o interesse em estabelecer **critérios consensuais e orientações**

básicas para determinar a utilidade dos tratamentos psicológicos (ver capítulo 2, neste livro).

A **eficácia de uma intervenção** implica evidência empírica que apoie a sua suposta capacidade de promover mudanças no paciente e demonstração de que tais mudanças estão diretamente relacionadas ao controle experimental utilizado, de modo que se possa afirmar se o efeito observado depende do tratamento, e não de outros fatores. Recentemente, vários grupos apresentaram propostas de critérios para identificar tratamentos que têm suporte empírico (Chambless & Ollendick, 2001). Uma das mais conhecidas foi elaborada em 1993 pela comissão (*Task Force*) da Divisão 12 (Psicologia Clínica) da Associação de Psicologia Americana, cujos critérios foram atualizados em 1998 (Chambless & cols, 1998). Em outro estudo, Chambless e Hollon (1998) refinaram os critérios anteriores, fazendo uma distinção entre os tratamentos eficazes, possivelmente eficazes e eficazes específicos. Entretanto, nos últimos anos se começou a discutir a utilidade do conceito de eficácia, dada a ênfase excessiva na validade interna, com pouca ou nenhuma atenção à utilidade clínica do tratamento e destacando, ainda, a ambiguidade implícita na noção de "qualidade metodológica".

> É importante pesquisar, tanto em condições artificiais controladas como na prática clínica real, com o objetivo de superar a falta de comunicação entre a investigação controlada e prática clínica, complementando o conceito de eficácia com o de efetividade ou utilidade clínica.
>
> Bados López, García Grau e Fusté Escolano (2002)

Assim, os estudos controlados que avaliam a eficácia em ambientes artificiais podem apresentar problemas de validade externa, quando omitem muitos dos elementos característicos da prática clínica (Bados López, García Grau, & Fusté Escolano, 2002). Pode-se considerar que os tratamentos utilizados em estudos de eficácia dificilmente se assemelham aos que se aplicam na "vida real". Nesse sentido, o tratamento tal como aplicado no contexto clínico escapa ao rigoroso controle que caracteriza a pesquisa experimental. No entanto, a **investigação clínica** permite estudar amplas amostras de pacientes, utilizar avaliações em vários momentos do tempo (pré, durante, pós, seguimento) e usar uma variedade de medidas (entrevistas, questionários, juízos do terapeuta, relatos de outras pessoas). Assim, um tratamento eficaz não significa necessariamente também efetivo ou clinicamente útil, ou seja, viável, generalizável a contextos clínicos reais e com uma boa relação custo-benefício (eficiência). Por outro lado, existem métodos estatísticos (como regressão, análise de covariância e modelagem de equações estruturais) que analisam a probabilidade dos efeitos observados serem decorrentes do tratamento ou de outras variáveis.

Eficiência e eficácia das intervenções cognitivo-comportamentais a partir da Teoria Social Cognitiva

A partir da formulação dos primeiros modelos cognitivos em psicoterapia, considerou-se que a mudança comportamental e a remissão de sintomas dependem diretamente da **modificação das estruturas de significados**. De acordo com Bados López, García Grau e Fusté Escolano (2002), ainda há muito a ser investigado em relação aos ingredientes ativos de terapia psicológica. Mesmo com estas limitações, pode-se dizer que as diferentes modalidades de psicoterapia cognitivo-comportamental pretendem, de alguma forma, alterar os padrões disfuncionais de comportamento, por meio da aprendizagem de padrões cognitivos e comportamentais mais funcionais.

Entre as **variáveis cognitivas relacionadas** à **mudança terapêutica**, nos últimos anos ganhou importância especial o conceito de **autoeficácia** (Bandura, 1987). As primeiras pesquisas no campo da autoeficácia foram realizadas por Bandura e seus colaboradores em contexto terapêutico, treinando indivíduos a enfrentar situações temidas. Nessas investigações, foi demonstrado que determinados tratamentos afetam a eficácia dos indivíduos para desempenhar diferentes comportamentos, e examinou-se a utilidade preditiva da autoeficácia para **comportamentos de enfrentamento**. Assim, verificou-se o importante papel da autoeficácia como efeito de intervenções específicas e como um antecedente de mudança comportamental (Olaz, 2009).

> **Autoeficácia Social** (AS) é definida como crenças que uma pessoa tem sobre sua capacidade para responder de maneira adequada às demandas interpessoais específicas.
>
> Bandura (1987)

Estudos realizados posteriormente generalizaram esses resultados pra o âmbito da clínica, destacando a importância da autoeficácia como constructos explicativo e preditivo do comportamento humano (Schunk, 1989). Os resultados destes estudos têm demonstrado a generalidade explicativa do constructo, razão por que se considera, atualmente, a autoeficácia como um dos fatores mais influentes na explicação do funcionamento humano (Bandura, 1987, 1997; Moe & Zeiss, 1982; Pajares, 1997; Schunk, 1989; Valiante, 2000; Zeldin, 2000).

Algumas pesquisas têm evidenciado que as intervenções psicológicas em geral, e os **Programas de Habilidades Sociais** em particular, produzem **impacto na autoeficácia social** (AS). Em um estudo clássico, conduzido na década de 1980, Hammen, Jacobs, Mayol e Cochran (1980) encontraram que o treinamento em habilidades sociais aumentava conspicuamente a força da percepção da eficácia social dos participantes. Embora nenhuma pesquisa atual tenha investigado o efeito dos programas de habilidades sociais sobre a autoeficácia social, alguns investigadores incluíram medidas de autoeficácia social em programas de terapia cognitivo-comportamental, verificando uma modificação destas crenças após a intervenção (Washington, 1999).

Não obstante a possibilidade de impacto dos programas de habilidades sociais e a relevância científica e prática da área em nosso país (Argentina), não são relatadas pesquisas sobre a eficácia desses programas com universitários, nem mesmo o seu impacto sobre a força das crenças de autoeficácia social dos participantes. Levando isso em consideração, definiu-se como objetivo avaliar se haveria diferença na eficácia de participantes de dois tipos de treinamento, um **instrucional,** com discussão em grupo, e o outro **vivencial,** baseado em técnicas de grupo com características lúdicas.

As **vivências** têm sido definidas como situações estruturadas em contextos análogos ou simbólicos (Del Prette & Del Prette, 2008), que facilitam a ativação emocional, cognitiva e a comportamental, estabelecendo um contexto motivador e dando ao programa de treinamento habilidades sociais um caráter flexível e de contenção emocional[1] para os participantes lidarem com seus déficits interpessoais, adquirirem comportamentos adaptativos e reestruturarem cognições disfuncionais. Adicionalmente, o uso de ambientes simbólicos e lúdicos facilita a elaboração de **metacognição, conceitos** geradores e **regras** de comportamento, generalizáveis a diversos contextos interpessoais.

A investigação sobre as **fontes de autoeficácia** tem demonstrado que as experiências de domínio são fatores importantes para o desenvolvimento de um forte sentido de autoeficácia, donde se pode inferir que o uso de técnicas baseadas no desempenho comportamental é fundamental no contexto terapêutico e nos programas de habilidades sociais. Nesse sentido, a **Teoria Social Cognitiva** (TSC) diferencia a **aquisição** de conhecimento (aprendizagem) do **desempenho** baseado em tal conhecimento (comportamento observável). Isso significa que, mesmo quando uma pessoa aprendeu um padrão comportamental novo ou um conhecimento específico, pode não desempenhá-lo devido a vários fatores, tais como expectativas de resultados negativos ou presença de um ambiente não reforçador ou punitivo para esses comportamentos. Ou seja, mesmo que tenha adquirido o conhecimento, é provável que o desempenho não apareça até que a situação forneça os incentivos necessários (Bandura, 1987).

Além disso, com base no modelo triádico defendido pela Teoria Social Cognitiva, entende-se que a eficácia de um programa de

---

[1] O termo "contenção emocional", segundo os autores, significa aceitar, nas interações sociais, a emoção do outro, expressando-lhe compreensão, segurança e solidariedade.

habilidades sociais esteja vinculada, na medida em que articule, por meio de técnicas específicas, as **dimensões comportamentais** (verbais e não verbais), **cognitivo-afetivas** e **fisiológicas**. Portanto, espera-se observar diferenças significativas nas diferentes escalas de autoeficácia em favor dos participantes de um grupo experimental vivencial em relação ao grupo de instrução ou de um grupo controle sem intervenção, bem como diferenças significativas em favor dos grupos experimentais em relação ao de controle.

Descrição dos programas

Em ambos os grupos experimentais, foram utilizados programas de habilidades sociais, com o objetivo de levar os participantes a identificar estratégias alternativas, propostas ou modeladas pelo terapeuta, na resolução de problemas interpessoais, executar diferentes padrões de enfrentamento e domínio, praticar as habilidades aprendidas com diferentes pessoas, obter várias fontes de *feedback* e reforçamento (Knight, 2000; Z. Del Prette & Del Prette, 2002; Kelly, 2002). Os dois programas foram conduzidos em **contexto grupal**, que apresenta a vantagem de maior facilidade e economia de tempo, facilitando o uso de técnicas que requerem a cooperação de auxiliares, como a modelação e o ensaio comportamental (Del Prette & Del Prette, 2002).

A proposta envolveu, em um período inicial, um curso de **formação de terapeutas**, de 24 horas de ensino intensivo, conduzido pelos professores Almir e Zilda Del Prette, visando a desenvolver as competências requeridas para a condução do Programa de Desenvolvimento Interpessoal Profissional

(PRODIP, Del Prette, Del Prette, & Mendes Barreto, 1999), com características vivenciais, dirigido a profissionais de saúde. Como parte dessa fase do treinamento, foi realizado um estudo piloto, com um grupo de dez estudantes, para avaliar o desempenho dos terapeutas e a **eficiência clínica do programa vivencial** e para a **seleção dos terapeutas** que iriam dirigir o programa final, objeto deste estudo. Posteriormente, foi realizado um segundo estudo piloto, de três meses de duração, com o objetivo de avaliar o desempenho dos terapeutas e verificar a eficiência clínica do **programa instrucional**, bem como selecionar os terapeutas para a condução do programa sob esse formato.

No estudo final, participaram 28 alunos do bacharelado em Psicologia (55,8%, 21,2% = homens), com idades entre dezoito e 28 anos (M = 21, 18; DP= 3,1), de ambos os sexos, escolhidos por amostragem incidental. Destes, vinte alunos foram aleatoriamente designados aos dois grupos experimentais (N1= 10, N2 = 10), enquanto os demais foram designados para o grupo controle, sem contato com o terapeuta (N3 = 8), escolhidos aleatoriamente entre os que cursavam uma disciplina do último ano do curso de Psicologia. Foi utilizado um **delineamento quase experimental**, com **pré-teste e pós-teste com três grupos**, sendo dois experimentais randomizados e um grupo-controle não randomizado, sem intervenção. Na formação dos grupos, tentou manter-se representação paritária de gênero.

Como medida de pré-teste, foi aplicada a **Escala de Autoeficácia Social** para Universitários (EAS-U, Olaz, 2010), na mesma semana para os três grupos, antes do início do programa de intervenção. Foi utilizada uma versão preliminar do instrumento, constituída de 48 itens, distribuídos em cinco fatores de autoeficácia, resultantes da análise fatorial: (1) Realizar encontros afetivos; (2) Conversação; (3) Social Acadêmica; (4) Oposição Assertiva e (5) Aceitação Assertiva. Ao final do programa, a escala foi novamente aplicada, na mesma semana para os três grupos. O grupo-controle foi exposto aos mesmos procedimentos de avaliação pré e pós-teste. Para conseguir isso, a EAS-U foi apresentada como atividade acadêmica rotineira de sala de aula. O uso desse grupo permitiu controlar uma variável associada ao efeito de reatividade dos participantes, que é saber-se parte de uma intervenção (Kazdin, 2001).

Todos os participantes assinaram o termo de consentimento e foram informados dos objetivos da investigação, exceto os do grupo-controle de não tratamento, que apenas receberam a informados de que faziam parte de uma pesquisa de autoeficácia social. Nenhuma informação sobre as hipóteses da pesquisa foi comentada com os participantes dos grupos experimentais. Segue-se um esquema-resumo das diferentes etapas da investigação.

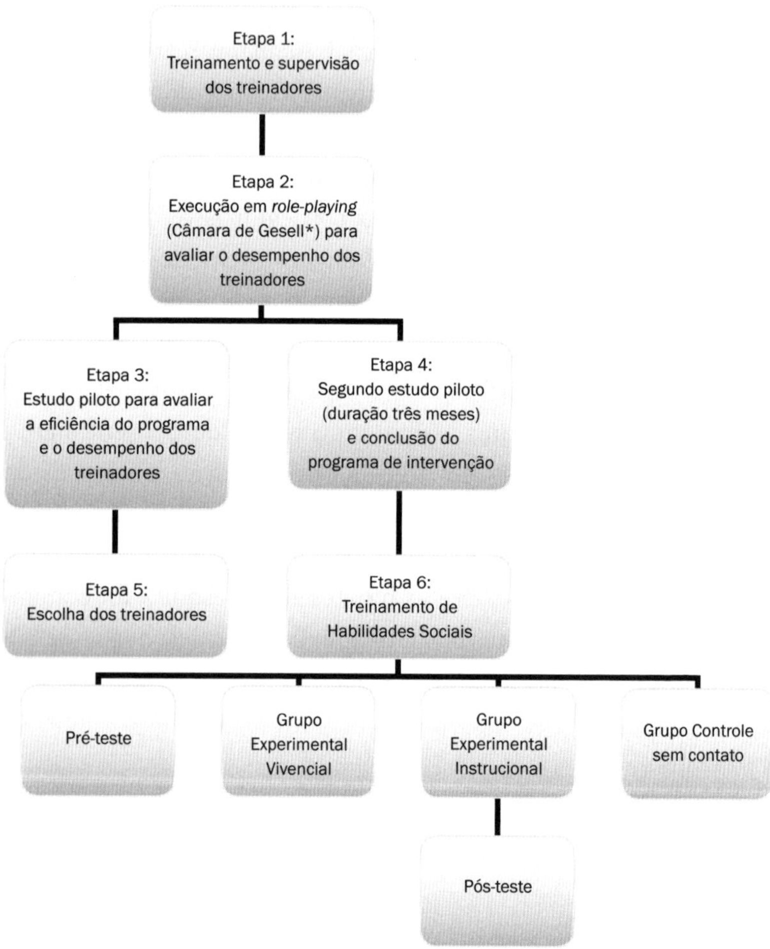

Figura 1.
Etapas de investigação.

* A **Câmara de Gesell** é uma habitação estruturada para permitir a observação de participantes. Está organizada em dois ambientes, separados por um espelho unidirecional, contando com equipamentos de áudio e de vídeo para a gravação dos diferentes experimentos.

Tanto para o **Grupo Experimental Instrucional** como para o **Grupo Experimental Vivencial** foram realizadas dezesseis sessões, distribuídas em duas sessões semanais de uma hora e meia, realizadas no mesmo horário e em dias similares. Cada grupo foi coordenado por um **terapeuta do sexo masculino e uma coterapeuta do sexo feminino**, mantendo-se constantes as condições de organização dos programas.

O **Grupo Experimental Instrucional** estava centrado principalmente na apresentação dos aspectos conceituais da área de habilidades sociais, procedimentos de avaliação e promoção deste repertório e questões de aplicabilidade. Cada uma das sessões foi organizada em duas partes: a primeira teórico-informativa e a segunda com atividades de discussão conjunta dos temas planejados a partir da análise de material audiovisual, desenhos animados, e de acordo com roteiro preparado pelos terapeutas. Ao final da sessão, solicitava-se aos participantes a realização de tarefas de casa, relacionadas ao desempenho de algumas das habilidades discutidas na sessão. Na sessão seguinte, o participante relatava o resultado da tarefa e o grupo provia *feedback* sobre o desempenho relatado.

Por outro lado, no **Grupo Experimental Vivencial,** os procedimentos foram predominantemente baseados no uso de vivências e de ensaio comportamental. No início de cada sessão, ou quando se tornava necessário, eram fornecidas informações específicas sobre uma habilidade, complementando-se o método vivencial com procedimentos instrucionais com base e análise de desenhos animados e modelagem simbólica. Seguem-se algumas das técnicas utilizadas nos dois programas de THS.

Tabela 1.
Técnicas e procedimentos utilizados nos dois grupos (Vivencial e Instrucional).

Técnicas	Descrição	Vivencial	Instrucional
Instrução e Psicoeducação	Consistiu de descrições, perguntas ou explicações verbais sobre os comportamentos que foram o foco do treinamento. Foram usadas no início de cada sessão, como forma de introduzir os participantes na habilidade-alvo daquela etapa e explicar sua importância. Também foram utilizadas como técnicas auxiliares, discussão e debate em grupo.	X	X
Modelação simbólica sem desempenho	O grupo observava, em um modelo simbólico, em desenhos animados ou filmes, a sequência completa de comportamentos que compunham uma determinada habilidade.	X	X
Feedback e Reforçamento	O *feedback* consistiu em fornecer informações aos participantes sobre seu desempenho, para que eles pudessem identificar aspectos adequados de seus desempenhos e aqueles aspectos que deviam melhorar. O consequenciamento consistiu em fazer ou dizer algo agradável para os participantes após tentativas bem-sucedidas de desempenho.	X	X

Reestruturação cognitiva	Esta técnica permitia aos participantes reavaliar um problema de outro ponto de vista. A reestruturação cognitiva buscava flexibilizar esquemas cognitivos disfuncionais (por exemplo, "Sempre fracasso quando pretendo conhecer alguém" ou "Sou tímido e isso nunca mudará").	X	
Modelação e Ensaio. Comportamental	Procedimento pelo qual as respostas comportamentais desejáveis eram praticadas sob a supervisão do terapeuta. A partir da dramatização ou da representação de papéis, praticavam-se ou ensaiavam-se comportamentos, previamente modelados, até obter competência suficiente e adequada para lidar com as situações sociais problemáticas.	X	
Vivências	Consistia na representação de situações estruturadas em contextos análogos ou simbólicos. Essa técnica facilitava a ativação de respostas emocionais, cognitivas e também de desempenhos dentro de um contexto motivador, dando ao programa um caráter flexível de oportunidades para que os participantes superassem seus déficits interpessoais.	X	
Tarefas de Casa	Era proposta ao grupo a realização de breves tarefas interpessoais de casa visando à prática, em situações reais da vida cotidiana, dos comportamentos ou das habilidades treinados em cada sessão. Essa técnica aumentava a probabilidade de generalização dos comportamentos aprendidos para outros contextos.	X	X

No planejamento do programa e na condução das vivências, foram atendidas as recomendações de Del Prette e Del Prette (2008). Nesse sentido, as vivências foram selecionadas conforme objetivos estabelecidos com base nas dificuldades identificadas nessa população por Herrera Lestussi, Freytes, López e Olaz (no prelo) e de acordo com as dificuldades específicas identificadas nos participantes, buscando-se ajustar o nível de complexidade das vivências ao repertório dos membros do grupo.

Somado a isso, os objetivos de ambos os programas foram definidos atendendo-se à crescente complexidade de cada tipo de habilidade de acordo com a classificação proposta por A. Del Prette e Del Prette (2008). A sequência inicial é apresentada a seguir, embora seja importante lembrar que o programa era flexível e se adaptava às necessidades do grupo.

Figura 2.
Sequência de habilidades estabelecidas como objetivos da intervenção.

Resultados

Os resultados observados neste estudo foram apresentados com mais detalhes em Olaz, Medrano e Cabanillas (2010), de modo que este capítulo apenas destaca alguns aspectos fundamentais que evidenciam a eficácia da intervenção. Comparações intergrupais dos escores pós-teste, nas diferentes subescalas da EAS-U, permitiram observar diferenças significativas em dois fatores de autoeficácia: **Realizar encontros afetivos** (F1) e **Oposição Assertiva** (F4). Os tamanhos de efeito indicaram que 43% da variação do F1 no pós-teste e 30% do F4 podem ser atribuídos aos efeitos da intervenção.

Na escala de autoeficácia para realização de encontros afetivos (F1), as comparações *post-hoc* revelaram que o grupo experimental vivencial apresentou escores significativamente maiores no pós-teste em relação ao instrucional e ao controle sem tratamento, acrescentando-se que o grupo instrucional apresentou escores significativamente mais altos que o controle.

Finalmente, observou-se que o grupo experimental apresentou escores maiores em **Oposição assertiva** (F4) que o grupo controle sem tratamento. Nas avaliações intragrupo, para o controle não tratamento e o grupo instrucional, não foram verificadas diferenças significativas nas medidas pré-teste/pós-teste em nenhuma das subescalas do EAS-U. No entanto, foram observadas diferenças significativas no grupo vivencial em quatro dos fatores, mas não se observaram diferenças no F2 (Conversação). Adicionalmente, os tamanhos de efeito foram maiores, em todos os casos, no grupo vivencial, o que indica maior efetividade dessa modalidade.

Discussão

Embora haja consenso na literatura especializada sobre as diferentes técnicas utilizadas em uma sessão de THS (*role-play*, modelagem, por exemplo), a utilização separada de cada uma delas pode resultar, por vezes, em uma metodologia mecânica e desprovida de propriedades ecológicas.

O Treinamento Vivencial de Habilidades Sociais com base na Teoria Social Cognitiva (THS/TSC) pode ser concebido como conjunto integrado de técnicas que visam à modificação de autocrenças, emoções e esquemas disfuncionais de pensamento, bem como à aquisição e ao aperfeiçoamento de habilidades cognitivas e comportamentais.

O THS sob esse enfoque inclui, ainda, a modificação dos fatores ambientais que podem comprometer o comportamento funcional da pessoa. Adicionalmente, as diferentes técnicas que fazem parte da THS visam ao fortalecimento das crenças de eficácia social, que funcionam, por sua vez, como fatores de promoção de uma maior competência social.

Além disso, o treinamento em situações específicas, muitas vezes, dificulta a generalização para outros contextos, dada a especificidade situacional das habilidades treinadas (Del Prette, Del Prette, & Mendes Barreto, 1999). Por isso, as **vivências** constituem um recurso útil para programas de formação, permitindo a aprendizagem de habilidades sociais dentro de um quadro lúdico que estabelece ocasião para os participantes lidarem com seus déficits interpessoais. Sob uma **perspectiva sociocognitiva**, as vivências são um recurso excelente, pois pode tratar simultaneamente de condições pessoais, comportamentais e ambientais em uma determinada atividade, facilitando a aquisição do comportamento, abordando os seus problemas em toda sua complexidade.

Como se assinalou anteriormente, a TSC diferencia aquisição de conhecimento e desempenho observável baseado no conhecimento, e as pesquisas sobre as fontes de autoeficácia têm demonstrado que as **experiências de domínio** são fatores importantes para o desenvolvimento de um forte senso de eficácia pessoal. Nesse sentido, os resultados observados demonstram a **maior eficácia dos métodos vivenciais** em programas de THS para o **fortalecimento da autoeficácia social**. Isso ocorre porque os ganhos de desempenho são a fonte de informação de autoeficácia mais importante, pois constituem experiências de domínio real (Bandura, 1987) que determinam, em larga medida, a força das crenças de eficácia social. Por outro lado, a eficácia dos métodos instrucionais é inferior, o que é compreensível uma vez que é uma modalidade centrada apenas em informações verbais.

No entanto, é importante assinalar que, no grupo exposto ao método vivencial, também foram utilizadas outras **técnicas cognitivo-comportamentais**, incluindo tarefas de casa, modelagem, ensaio comportamental, complementadas com procedimentos instrucionais com base na análise de desenhos animados e de modelagem simbólica. Os resultados sugerem, portanto, a viabilidade e a eficácia do método vivencial associado a técnicas cognitivo-comportamentais e combinado com instruções. As diferentes técnicas utilizadas permitem informações de várias **fontes de autoeficácia**, melhora nas competências de processamento de informações e aplicação das habilidades aprendidas em um contexto adequado, ou seja, com maior probabilidade de contingências reforçadoras, facilitando a generalização para ambientes naturais.

Em conclusão, o uso de *feedback* positivo, a análise dos problemas sociais com ensaio de comportamentos alternativos, o treinamento em "leitura" de sinais não verbais e modelagem do comportamento social adequado permitem aos participantes contar com um contexto ótimo para o fortalecimento da agência pessoal dos estudantes universitários.

Algumas recomendações na replicação do programa de THS/TSC

- Escolher os objetivos de intervenção com base em cuidadosa avaliação prévia do repertório e das necessidades dos estudantes.
- Organizar a sequência do programa de módulos e sessões, com seus objetivos, começando com as habilidades sociais mais básicas para finalizar com as mais complexas.
- Usar vivências contextualizando-as em situações próprias da vida universitária.
- Evitar o excesso de instruções e enfatizar mais o desempenho.
- Planejar o treinamento das habilidades de processo, usando modelagem simbólica e desempenho comportamental.
- Usar as vivências combinadas com outras técnicas cognitivo-comportamentais, incluindo tarefas de casa,

modelagem, ensaios comportamentais, complementando-os com procedimentos instrucionais com base na análise de desenhos animados e de modelagem simbólica.

- É recomedável trabalhar em pequenos grupos (de dez a doze participantes), para um melhor acompanhamento dos participantes.
- A replicação deste programa para outras populações pode requerer algumas adaptações.

Referências

Abarca, N., & Hidalgo G. (1989). Evaluación Psicométrica de habilidades sociales en jovenes univesitarios chilenos. *Revista Análisis del Comportamiento*, 4, 51-62.

American Psychological Association Presidential Task Force on Evidence-Based Practice (2006). Evidence-Based Practice in Psychology. *American Psychologist, 61*(4), 271-285.

Argyle, M., Bryant, B., & Trower, P. (1974). Social skills training and psychotherapy: A comparative study. *Psychological Medicine, 4*, 435-443.

Bados López, A., García Grau, E. & Fusté Escolano, A. (2002). Eficacia y utilidad clínica de la terapia psicológica. *International Journal of Clinical and Health Psychology, 2*(3), 477-502.

Bandura A. (1987). *Pensamiento y Acción. Fundamentos Sociales*. Madrid: Martínez Roca.

Bandura, A. (1997). *Self-efficacy: the exercise of control*. New York: Freeman.

Canu, W. H., & Carlson, G. L. (2003). Differences in heterosocial behavior and outcomes of ADHD-symptomatic subtypes in a college sample. *Journal of Attention Disorders*, 6, 123-133.

Chambless, D. L., Baker, M.J., Baucom, D. H., Beutler, L. E., Calhoun, K. S., Crits-Christoph, P., *et al.* (1998). Update on empirically validated therapies: II. *The Clinical Psychologist, 51*, 3-15.

Chambless, D. L., & Hollon, S.D. (1998). Defining empirically supported therapies. *Journal of Consulting and Clinical Psychology*, 66, 7-18.

Chambless, D. L., & Ollendick, T. (2001). Empirically supported psychological interventions: Controversies and evidence. *Annual Review of Psychology, 52*, 685-716.

Del Prette, A., & Del Prette, Z. A. P. (2008). *Psicologia das relações interpessoais: Vivências para o trabalho em grupo* (6ª ed.). Petrópolis: Vozes.

Del Prette, A., & Del Prette, Z. A. P. (2003). No contexto da travessia para o ambiente de trabalho: Treinamento de habilidades sociais com universitários. *Estudos de Psicologia,* 8(3), 413-420. Recuperado em 19 de maio de

2006, de http://www.rihs.ufscar.br/index.php?option=com_content&task =view&id=47&Itemid=74.

Del Prette, Z. A. P., & Del Prette, A. (1983). Análise do repertório assertivo em estudantes da Psicologia. *Revista de Psicología, 1*, 15-24.

Del Prette, Z. A. P., & Del Prette, A. (2002). *Psicología de las Habilidades Sociales: Terapia y Educación*. México: Manual Moderno.

Del Prette, Z. A. P., Del Prette A., & Barreto, M. C. M. (1999). Habilidades sociales en la formación profesional del psicólogo: Análisis de un programa de intervención. *Psicología Conductual, 7*, 27-47.

Denis, M. E., Hamarta, E., & Ari, R. (2005). An investigation of social skills and loneliness levels of university students with respect to their attachment styles in a sample of Turkish students. *Social Behavior and Personality, 33*(1), 19-32.

Gable, S. L., & Shean, G. D. (2000). Perceived social competence and depression. *Journal of Social and Personal Relationships, 17*, 139-150.

Gresham, F. M. (2009). Análise do Comportamento Aplicada às Habilidades Sociais. In Z. Del Prette & A. Del Prette (Orgs.), *Psicologia das habilidades sociais: Diversidade teórica e suas implicações* (pp. 17-66). Petrópolis: Vozes.

Hamilton, K. E., & Dobson, K. S. (2001). Empirically supported treatments in psychology: Implications for international promotion and dissemination. *International Journal of Clinical and Health Psychology, 1*, 35-51.

Hammen, C. L., Jacobs, M., Mayol, A., & Cochran, S. D. (1980). Dysfunctional cognitions and the effectiveness of skills and cognitive behavioral assertion training. *Journal of Consulting and Clinical Psychology, 48*, 685-695.

Heather, M. S., & Betz, E. N. (2000). Development and validation of a scale of perceived social self-efficacy. *Journal of Career Assessment, 8*, 283-331.

Herrera Lestussi, A., Freytes, M. V., López, G. E., & Olaz, F. O. (s.d.). Habilidades sociales en estudiantes universitarios de psicología. Un estudio comparativo. *International Journal of Psychology and Psychological Therapy*, no prelo.

Jensen-Campbell, L. A., Adams, R., Perry, D. G., Workman, K. A., Furdella, J. Q., & Egan, S. K. (2002). Agreeableness, extraversion, and peer relations in early adolescence: Winning friends and deflecting aggression. *Journal of Research in Personality, 36*, 244-251.

Karagözoğlu, S., Kahve, E., Koç, O., & Adamişoğlu, D. (2008). Self-esteem and assertiveness of final year Turkish university students. *Nurse Education Today, 28*(5), 641-649.

Kazdin, A. E. (2001). *Métodos de Investigación en Psicología Clínica*. México: Prentice Hall.

Kelly, J. (2002). *Entrenamiento de las Habilidades Sociales*. (7ª ed.) España: Descleé de Brower.

Knight, C. (2000). Engaging the student in the field instruction relationship. *Journal of Teaching in Social Work, 20*(3-4), 173-201.

León Camargo, A., Rodríguez Angarita, C., Ferrel Ortega, F. R., & Ceballos Ospino, G. A. (2009). Asertividad y autoestima en estudiantes de primer semestre de la Facultad de ciencias de la salud de una universidad pública de la ciudad de Santa Marta (Colombia). *Psicología desde el Caribe, 24*, 91-105.

Moe, K. O., & Zeiss, A. M. (1982). Measuring self-efficacy expectations for social skills: A methodological inquiry. *Cognitive Therapy and Research, 6*, 191-205.

Olaz, F. (2009). Contribuições da teoria social-cognitiva de Bandura para o treinamento de habilidades sociais. In Z. Del Prette & A. Del Prette (Orgs.), *Psicologia das habilidades sociais: Diversidade teórica e suas implicações* (pp. 109-148). Petrópolis: Vozes.

Olaz, F. (2010). *Construcción de una Escala de Autoeficacia Social para adolescentes universitarios*. Tesis Doctoral, Facultad de Psicología, Universidad Nacional de Córdoba, Argentina.

Olaz, F., Medrano, L. A., & Cabanillas, G. A. (2010). Eficacia del método vivencial de Entrenamiento en Habilidades Sociales en el fortalecimiento de la autoeficácia social de estudiantes universitarios. *The International Journal of Psychology and Psychological Therapy*. Submetido.

Pajares, F. (1997). Currents directions in self-efficacy research. In M. Maehr & P. Pintrich (Eds.), *Advances in motivation and achievement* (Vol.10, pp. 1-49). Greenwich: JAI Press.

Pajares, F., & Olaz, F. (2008). Teoria Social Cognitiva e autoeficacia: uma visão geral. In A. Bandura, R.G. Azzi & S. Polydoro (Eds.), *Teoria Social Cognitiva. Conceitos básicos* (pp. 97-114). Brasil: Artmed.

Rosenthal, R., & Rosnow, R. L. (1991). *Essentials of behavioral research: Methods and data analysis*. New York: McGraw-Hill.

Schunk, D. H. (1989) Self-efficacy and achievement behaviors. *Educational Psychology Review. 1*(3), 173-207.

Valiante, G. (2000). *Writing Self-Efficacy and Gender Orientation. A developmental Perspective*. Tese de doutorado, Atlanta, Emory University.

Washington, O. (1999). Effects of Cognitive and Experiential Group Therapy on Self-Efficacy and Perceptions of Employability of Chemically Dependent Women. *Issues in Mental Health Nursing, 20*, 181-198.

Zea, M. C., Tyler, F. B., & Franco, M. C. (1991). Psychosocial competence in Colombian university students. *Interamerican Journal of Psychology, 25*, 135-145.

Zeldin, A. (2000). *Review of Career Self-Efficacy Literature*. Tesis Doctoral, Inédita, Universidad de Emory, Atlanta.

7

Programa de habilidades sociais profissionais para pessoas com deficiência física desempregadas

Camila de Sousa Pereira-Guizzo[1]
Almir Del Prette

O mercado de trabalho vem passando por diversas transformações que têm provocado mudanças na organização do trabalho e na exigência do perfil do profissional. Até há pouco tempo, o conhecimento técnico do indivíduo sobre a função específica era condição suficiente para a empregabilidade. Atualmente, além de corresponder com os requisitos técnicos das atividades laborais, o indivíduo precisa apresentar recursos pessoais para responder de maneira competente às exigências do mercado em termos de responsabilidade, iniciativa, criatividade, flexibilidade, e ainda possuir capacidade para o trabalho em equipe.

Como grande parte das tarefas e das atividades ocupacionais ocorre ou se completa em situações interativas, a capacidade do trabalhador de se relacionar satisfatoriamente com as diferentes pessoas nesse contexto tem sido um requisito bastante valorizado no perfil profissional (Bastos, 2006; Sarriera, Câmara, & Berlim,

---

1 Este capítulo apresenta o programa de intervenção que foi objeto de estudo na tese de doutorado da primeira autora, realizada no Programa de Pós-Graduação em Educação Especial da UFSCar, sob a orientação do segundo autor. Apoio financeiro: Bolsa de Doutorado FAPESP.

2006). No campo teórico-prático das Habilidades Sociais, tal capacidade compreende classes específicas de habilidades sociais profissionais no contexto das relações de trabalho (Del Prette & Del Prette, 2001).

> **Habilidades Sociais Profissionais** são aquelas que atendem às diferentes demandas interpessoais do ambiente de trabalho objetivando o cumprimento de metas, a preservação do bem-estar da equipe e o respeito aos direitos de cada um.
>
> A. Del Prette e Del Prette (2001, p. 89)

A literatura de Psicologia tem mostrado que um repertório elaborado de habilidades sociais profissionais é condição importante e necessária para todos os trabalhadores. Tal requisito comportamental pode prover mais recursos para o trabalhador enfrentar as dificuldades próprias da conquista e manutenção de emprego e do convívio interpessoal no ambiente de trabalho, contribuindo para um clima organizacional mais harmonioso, além de melhor desempenho no exercício das atividades profissionais (Cournoyer, 2007; Del Prette & Del Prette, 2003; Pereira, Del Prette & Del Prette, 2004).

A superação de déficits interpessoais, assim como a maximização do repertório de habilidades sociais, pode ser promovida formalmente por meio de programas de treinamento de habilidades sociais, caracterizados por diferentes técnicas e procedimentos de ensino. Defende-se, como procedimento de ensino, o uso de vivência. A vivência é definida por A. Del Prette e Del Prette (2001, p. 106) como: "atividade, estruturada de modo análogo ou simbólico a situações cotidianas de interação social dos participantes, que mobiliza sentimentos, pensamentos e ações". Muitos estudos têm mostrado a efetividade das vivências no ensino e na promoção das habilidades sociais de crianças, jovens e adultos (Del Prette, Del Prette, & Barreto, 1999; Del Prette & Del Prette, 2003; Pinheiro, Haase, Del Prette, Amarante, & Del Prette, 2006; Villa & Del Prette, 2009).

> **Método vivencial** é um método que "cria oportunidades para diferentes desempenhos sociais dos participantes; ao mesmo tempo, possibilita ao facilitador analisar e intervir sobre esses desempenhos utilizando outras técnicas".
>
> Z. Del Prette e Del Prette (2005)

O uso do método vivencial possibilita ao terapeuta o emprego de vários procedimentos, promovendo a aprendizagem de comportamentos sociais novos e fortalecendo habilidades sociais já aprendidas. Simultaneamente, o terapeuta pode "corrigir" alguns aspectos do desempenho, aumentando, dessa forma, a probabilidade de torná-lo funcional. Todos esses aspectos trazem maior segurança no uso da tarefa de casa, importante para a manutenção e generalização de habilidades sociais aprendidas nas sessões.

Empregabilidade das pessoas com deficiência

Algumas das questões gerais sobre trabalho e empregabilidade também se aplicam à inserção de pessoas com deficiência no mercado de trabalho. Dalferth, Schnappauf e Sommerer (1995) investigaram alguns pré-requisitos necessários entrevistando 32 indivíduos com deficiência física e concluíram que, junto com a formação profissional e a educacional, a qualidade da comunicação e as habilidades sociais em geral eram também cruciais. No entanto, o estudo de Thomas, Bax e Smyth (1988) verificou que 37% das pessoas com deficiência física relataram dificuldades significativamente superiores (em comparação com apenas 3% do grupo sem deficiência) em situações que requeriam habilidades sociais como fazer amizade, oferecer ajuda ao colega de trabalho, iniciar conversação e discordar.

Ainda que se constate maior preocupação e valorização atual em relação a esses aspectos comportamentais, as habilidades sociais para o trabalho não têm sido sistematicamente promovidas na formação profissional. Por exemplo, estudos realizados por Milesi e Pereira (2007) e Tanaka e Manzini (2005) apontaram críticas sobre a desarticulação entre a formação profissional das pessoas com deficiência e a realidade do mercado de trabalho. Esses autores defendem a necessidade de práticas mais efetivas, capazes de atender às demandas técnicas e interpessoais desse contexto, de modo a favorecer tanto a inserção como o desenvolvimento social e o profissional desses trabalhadores.

A busca por emprego é um momento delicado, que pode ser repleto de expectativas ou até mesmo de frustrações, conforme a experiência e história de vida de cada um. A condição de desemprego pode ainda gerar efeitos negativos na autoestima e no senso de autoeficácia das pessoas. Indivíduos com deficiência física, congênita ou adquirida, possivelmente possuem histórias de superproteção da família, de readaptação a uma nova condição ou de períodos de afastamento do mercado de trabalho, requerendo serviços especializados para a inserção profissional.

O apoio à inserção profissional da Pessoa com Deficiência Física pode incluir a sensibilização das empresas aos recursos desses trabalhadores, mas, também, a sensibilização destes aos requisitos valorizados pelas empresas e a promoção de seu desenvolvimento socioemocional e aprimoramento interpessoal-profissional.

Reforçando a necessidade de preparação para o trabalho, nesse processo de inserção profissional, capacitar pessoas com deficiência física a enfrentar desafios e até preconceitos é extremamente importante, considerando a possibilidade de, na prática, viverem situações de discriminação, falta de acessibilidade e falta de condições adequadas de trabalho. Para além da subsistência, tal como para a população em geral, a conquista do emprego é uma condição para esses indivíduos se sentirem incluídos e exercerem sua cidadania.

Para identificar habilidades sociais importantes no ambiente de trabalho, buscando com isso a possível validade social de programas nessa área, Pereira (2006) entrevistou trabalhadores com deficiência física e também seus supervisores. Esse estudo permitiu organizar um rol de habilidades sociais relevantes, que pode ser considerado geral, ainda que o peso para cada uma delas varie de acordo com especificidades do contexto, relacionadas à organização da produção. Os resultados contribuíram para identificar e definir os objetivos de ensino relevantes para o planejamento inicial do programa.

Pereira, Del Prette e Del Prette (2008) analisaram também o significado que pessoas com deficiência física atribuem ao trabalho em sua relação com aspectos pertinentes ao ajustamento no contexto profissional. Os achados apontaram para a necessidade de programas que ultrapassassem os itens de desempenhos funcionais e incluíssem aspectos próprios dos relacionamentos interpessoais no contexto do trabalho. Em outro estudo, Pereira, Del Prette e Del Prette (2009) analisaram o repertório de habilidades sociais de trabalhadores com deficiência física (TDF), em comparação com trabalhadores sem deficiência física (TND). Os itens com déficit de desempenho que mais se destacaram no grupo de TDF foram: **apresentar-se a outra pessoa; cobrar dívida de amigo; falar a público conhecido** e **recusar pedido abusivo**. Adicionalmente, Pereira e Del Prette (2008) analisaram as diferenças de sexo em pessoas com deficiência física, identificando a necessidade de desenvolvimento de habilidades sociais para ambos os sexos e ressaltando habilidades em que as mulheres relataram mais dificuldade que os homens, como as de autoexposição a desconhecidos e a situações novas.

Habilidades sociais relevantes, conforme trabalhadores com deficiência física:

- Dizer por favor/obrigado
- Oferecer ajuda
- Defender os próprios direitos
- Expressar sentimento positivo
- Admitir erros
- Lidar com críticas
- Iniciar, manter e encerrar conversação
- Agradecer elogios

Pereira (2006)

Os pressupostos apontados sobre a importância do aprimoramento das habilidades sociais profissionais para a inserção e progressão no contexto do trabalho (Cournoyer, 2007; Dalferth, Schnappauf, & Sommerer, 1995; Del Prette & Del Prette, 2003; Pereira & Del Prette, 2007), bem como os conhecimentos já produzidos junto a pessoas com deficiência física (anteriormente referidos), levaram à identificação da necessidade e ao planejamento de um Programa de Desenvolvimento de Habilidades Sociais para o Trabalho, descrito a seguir.

A população atendida

A população atendida foi composta por dezesseis pessoas com deficiência física, sendo onze do sexo feminino e cinco do sexo masculino, com idade entre dezoito e 36 anos. A maioria dos participantes possuía o ensino médio completo, era solteira e se localizava, segundo o Critério Brasil, na classe socioeconômica C. Dentre as causas ou sequelas da deficiência física, foram identificadas: traumatismo raquimedular (paraplegia); traumatismo craniano com sequelas nas partes superior e inferior do lado esquerdo (hemiparesia); paralisia cerebral; neuropatia hereditária e idiopática com sequelas nas pernas, pés e mãos; amputação de dedos; traumatismo cerebral difuso, fraturas do fêmur, perna, ombro e braço; poliomelite; escoliose e osteoporose; encurtamento de perna; distrofia muscular. Essas pessoas estavam desempregadas e buscavam uma vaga no mercado de trabalho já há algum tempo, algumas com mais de dois anos de tentativas de participação em processos seletivos, em que chegavam a avançar algumas etapas, porém não eram selecionadas.

Planejamento do programa

A construção do Programa de Desenvolvimento de Habilidades Sociais para o Trabalho envolveu uma etapa prévia de testes (Estudos Pilotos, Cozby, 2003), que permitiu, entre outros aspectos: (a) testar e aprimorar determinados procedimentos e técnicas de intervenção; (b) familiarizar terapeutas e auxiliares de pesquisa no uso dos procedimentos vivenciais e dos instrumentos de avaliação; (c) ajustar o planejamento final do programa (e da pesquisa que estava associada à intervenção).

Com base nos resultados dos Estudos Pilotos, o programa foi estruturado como um guia geral, permitindo ajustes necessários a cada sessão. Essa estrutura inicial constava de: (a) **Cronograma** (data inicial, previsão aproximada de término, horário e duração das sessões, período provável para a avaliação de seguimento); (b) **Recursos e Materiais** (instrumentos e fichas de avaliação, protocolos de vivências e respectivos materiais, lista de temas de discussão, relação de possíveis motivadores, equipamentos testados); (c) **Procedimentos** (descrição geral dos procedimentos a serem utilizados na intervenção e na pesquisa a ela associada). Cada sessão também foi planejada, estabelecendo-se: (a) objetivos; (b) seleção de vivências e possíveis procedimentos de intervenção; (c) procedimentos de avaliação; (d) tipos de tarefas de casa, etc.

A pesquisa-intervenção para avaliação do programa, sob delineamento experimental, foi organizada em três fases, conforme proposta de Rossi, Lipsey e Freeman (2004), ilustrada na Figura 1 e detalhada na sequência.

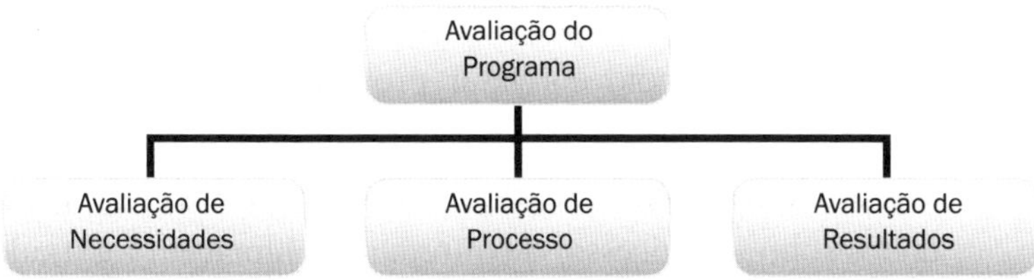

Figura 1.
Esquema geral do Programa com base em Rossi, Lipsey e Freeman (2004).

- **Avaliação de Necessidades.** A identificação dos objetivos do programa e a descrição do tipo de necessidade de atendimento da população levaram em consideração, além da revisão da literatura e dos estudos anteriores, os resultados da primeira avaliação pré-teste do repertório dos participantes, com o uso dos seguintes instrumentos: Inventário de Habilidades Sociais (Del Prette & Del Prette, 2001); Escala de Dificuldades Interpessoais; Sistema de Observação de Habilidades Sociais Profissionais e Questionário de Autoavaliação do Preparo para Inserção Profissional. Essa avaliação serviu de base não só para o planejamento inicial e os ajustes na estruturação do programa, mas também para aferir sua posterior efetividade.
- **Avaliação de Processo.** Buscando aprimorar a qualidade da intervenção e monitorar o alcance dos objetivos, todas as sessões foram filmadas, registradas de forma organizada na ficha de Registro de Observação das Sessões e analisadas ao longo da condução do programa. Os resultados foram agrupados conforme os critérios propostos por Linnan e Steckler (2002) e Hofstee (1987, *apud* Murta, 2005): assiduidade; frequência; metas intermediárias

(envolvendo habilidades básicas, tais como elogiar o colega, oferecer apoio e relatar problemas); dose recebida (realização de tarefas de casa, participação nas atividades, aos progressos e generalização relatados). Além de gerar dados sobre o processo, o conteúdo da filmagem foi usado como *videofeedback:* (a) para o próprio terapeuta; (b) para os participantes.

- **Avaliação de Resultados.** Imediatamente ao final e após um período de dois a quatro meses de seguimento, os participantes foram reavaliados de forma similar à avaliação prévia e com os instrumentos: Inventário de Habilidades Sociais (Del Prette & Del Prette, 2001); Escala de Dificuldades Interpessoais e Sistema de Observação de Habilidades Sociais Profissionais.

Com base na avaliação das necessidades, o programa foi estruturado em torno do objetivo geral de promover a aquisição e o aprimoramento de habilidades sociais relevantes para lidar com a situação de entrevista de seleção de emprego e para o desempenho interpessoal-profissional em emprego futuro. Fundamentando-se no campo teórico-prático das Habilidades Sociais, a opção da estrutura do programa foi a de grupo, planejada para dezesseis sessões, duas vezes por semana, com aproximadamente noventa minutos cada uma.

Como estratégia para aumentar a adesão ao programa e criar um ambiente favorável, foi esclarecido aos participantes, na entrevista inicial, que haveria: (a) certificado de participação para aqueles que cumprissem carga horária presencial de pelo menos 75%; (b) sorteio de brindes, de três em três sessões, entre os participantes que comparecessem no mínimo às três sessões anteriores; (c) brinde final (canetas, livros etc.) para quem obtivesse 100% de presença no programa; (d) oferecimento de lanche no encerramento das sessões. Esses motivadores foram programados com o objetivo de diminuir a probabilidade de abandono e aumentar a frequência nas sessões, como sugerido por Olivares, Mendez e Ros (2005).

Os **objetivos específicos do programa**, distribuídos ao longo das sessões, foram organizados em uma sequência crescente de complexidade no desenvolvimento do repertório de habilidades sociais. Tendo como contexto as relações interpessoais no trabalho, as principais habilidades abordadas no programa foram:

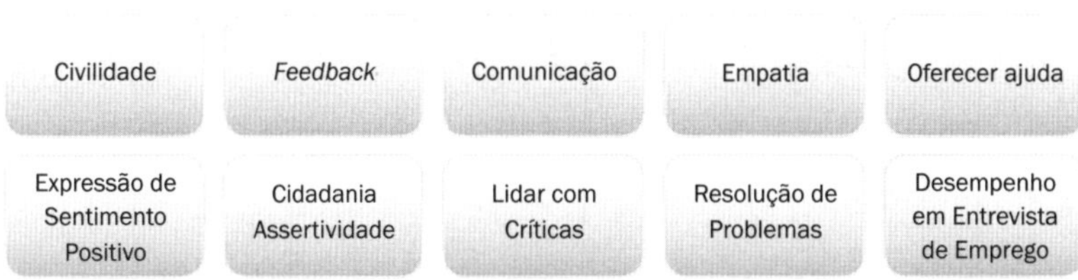

Figura 2.

Objetivos específicos do programa.

Com base na proposta de A. Del Prette e Del Prette (2001), o programa foi estruturado em três partes. Na primeira, buscou-se capacitar os participantes nas **habilidades de processo**, consideradas básicas nas interações entre as pessoas nos vários contextos sociais. Ainda que ocorra uma maior concentração de procedimentos de ensino dessas habilidades nas sessões iniciais de um programa, eles continuam, de maneira planejada ou não, a ocorrer praticamente até a finalização da intervenção. A Tabela 1 ilustra as habilidades sociais alvos do programa ora relatado, bem como as vivências e tarefas de casa utilizadas.

Tabela 1.
Habilidades de processo.

Habilidades	Objetivos	Método Vivencial	Tarefas de Casa
Observar e descrever desempenhos na sessão ou fora dela.	Aprimorar a capacidade de identificar e descrever desempenhos nas situações de vivência e em situações extrassessão.	Arranjo de Grupos de Vivência (GV) e Grupos de Observação (GO) em todas as vivências.	Escolher uma pessoa e observar seus desempenhos ilustrativos de habilidades sociais.
Fazer perguntas e responder a elas.	Aprimorar o desempenho de usar diferentes tipos de perguntas, como por exemplo, confirmatórias (Foi você quem fez isso?). Desenvolver as diferentes etapas da conversação (iniciar, manter e encerrar) usando perguntas e respostas.	Perguntas sem resposta. Relâmpagos.	Fazer pergunta a uma pessoa desconhecida visando a iniciar conversação.

Elogiar e agradecer elogios.	Estimular o uso do elogio. Exercitar o agradecimento. Desenvolver o sentimento do grupo.	Oferecer modelos de elogiar e agradecer elogios para expressar o contentamento no desempenho dos participantes durante as vivências e solicitar aos demais membros do grupo o exercício dessas habilidades.	Elogiar duas pessoas diferentes.
Civilidade.	Demonstrar boas maneiras. Melhorar a comunicação. Utilizar termos próprios da convivência.	Vivência: "Palavras mágicas" (adaptada de Z. Del Prette & Del Prette, 2005; Moses & Gordon, 1999).	Cumprimentar pessoas desconhecidas.
Prover *feedback* positivo.	Exercitar a habilidade de dar e pedir *feedback*.	Vivência: "Feedback: como e quando" (A. Del Prette & Del Prette, 2001). Arranjo de Grupos de Vivência (GV) e Grupos de Observação (GO) em todas as vivências.	Dar *feedback* positivo para uma pessoa conhecida e outra desconhecida.

Nas sessões intermediárias do programa, foram ensinadas as **habilidades centrais que atendiam às queixas dos participantes**, preparando-os para as mais complexas que vinham na sequência. Nessa etapa, o terapeuta procurou consolidar a automonitoria e suprimir déficits de desempenho. A Tabela 2 ilustra as habilidades sociais alvos do programa ora relatado, bem como as vivências e as tarefas de casa utilizadas.

O ensino das **habilidades sociais mais complexas** geralmente foi planejado para as sessões finais. A Tabela 3 apresenta as habilidades sociais alvos do programa ora relatado, bem como as vivências e tarefas de casa utilizadas.

Estrutura da sessão

Todas as sessões do programa foram estruturadas em três partes: (a) na parte inicial, havia os relatos de tarefas de casa e breve resumo da sessão anterior; (b) na parte central, ocorria a aplicação dos procedimentos previamente planejados; (c) na parte final, atribuía-se tarefa de casa aos participantes, além de ser solicitado breve *feedback* da sessão e ser realizado o sorteio de brindes, quando previsto. Após o encerramento da sessão, oferecia-se um lanche aos participantes.

Tabela 2.
Habilidades intermediárias.

Habilidades	Objetivos	Método Vivencial	Tarefas de Casa
Iniciar, manter e encerrar conversação.	Identificar ocasião oportuna e iniciar, manter e encerrar conversação.	Ensaio comportamental das habilidades de conversação em situações de busca de emprego e cotidiano do trabalho.	Conversar com alguém conhecido e desconhecido e planejar assunto para facilitar a conversa.
Identificar os componentes verbal, não verbal e paralinguístico na conversação.	Alterar o desempenho em função de "dicas" não verbais dos interlocutores.	Vivência: "Números poéticos" (A. Del Prette & Del Prette, 2001). Vivência: "Complemento indispensável" (A. Del Prette & Del Prette, 2001).	Identificar e alterar um padrão não verbal ou verbal próprio em uma conversação.
Expressar sentimento positivo.	Agradecer gentilezas. Manifestar carinho. Exercitar a expressividade não verbal.	Vivência: "Dar e receber" (A. Del Prette & Del Prette, 2001).	Expressar carinho a duas pessoas em contextos diferentes.

Tabela 3.
Habilidades sociais mais complexas.

Habilidades	Objetivo	Método Vivencial	Tarefas de Casa
Identificar sentimentos e expressar empatia.	Relacionar expressões faciais a sentimentos. Nomear sentimentos. Relacionar sentimentos a acontecimentos. Exercitar a empatia.	Vivência: "Quem vê cara, vê coração?" (Z. Del Prette & Del Prette, 2005). Ensaio comportamental da habilidade de empatia.	Identificar uma pessoa que está vivenciando um sentimento positivo ou negativo e ser empático com ela.
Assertividade.	Identificar direitos e deveres das pessoas com deficiência. Valorizar a reivindicação e defesa de direitos. Identificar critérios que permitam classificar o desempenho social como assertivo, agressivo ou passivo.	Vivência: "Direitos das pessoas com deficiência" (adaptação baseada em A. Del Prette & Del Prette, 2001, e na legislação brasileira). Vivência: "Nem passivo nem agressivo: assertivo!" (A. Del Prette & Del Prette, 2001).	Conversando com uma pessoa sobre determinado assunto, expressar sua opinião de forma assertiva.

Dar e receber críticas.	Exercitar a habilidade de dar e receber críticas. Controlar a impulsividade para reagir à crítica. Dessensibilizar-se diante da situação de crítica.	Vivência: "Misto-quente" (A. Del Prette & Del Prette, 2001).	Aceitar uma crítica justa feita por um familiar.
Resolução de problemas e tomada de decisão.	Desenvolver as habilidades de definir e solucionar problemas no trabalho. Compreender a importância das decisões.	Vivência: "Resolvendo problemas e tomando decisões" (adaptada de Z. Del Prette & Del Prette, 2005; Arándiga & Tortosa, 2005).	Participar de um grupo e auxiliar a identificação do problema.
Enfrentamento da situação de entrevista de emprego.	Conversar com pessoas de autoridade. Desenvolver argumentação. Desenvolver postura para a entrevista de emprego. Falar de si mesmo.	Vivência: "Entrada na empresa" (adaptada de A. Del Prette & Del Prette, 2001).	Apresentar-se e manter conversação com uma pessoa de autoridade.

Os procedimentos de ensino envolveram técnicas cognitivo-comportamentais, tais como ensaio comportamental; reforçamento positivo; modelação; *feedback* verbal; *videofeedback* e tarefas de casa. Esses procedimentos foram utilizados durante ou após as vivências (Del Prette & Del Prette, 1999). O uso das vivências ocorreu conforme os pressupostos teóricos e práticos desse campo de investigação (Del Prette & Del Prette, 1999; A. Del Prette & Del Prette, 2001; Z. Del Prette & Del Prette, 2005), adaptando-o às restrições físicas dos participantes e aos contextos da experiência de cada um. As tarefas de casa foram selecionadas em função dos objetivos das sessões e das dificuldades dos participantes, de acordo com o recomendado por A. Del Prette e Del Prette (2005). Também foram utilizadas atividades pedagógicas, como confecção de cartazes, dramatização, análise de filme e leitura de histórias.

Tarefa de casa é uma técnica comportamental muito utilizada nesse tipo de programa, que possibilita o aperfeiçoamento e a generalização das habilidades treinadas para outros ambientes, além do contexto terapêutico, e ainda permite a avaliação de como o ambiente natural está reagindo aos novos desempenhos.

A. Del Prette e Del Prette (2005).

Resultados

Os resultados de todas as fases da Avaliação do Programa foram significativamente efetivos em direção aos objetivos previstos, conforme detalhados em Pereira (2010). Tratados estatisticamente, esses resultados mostraram, como principais aquisições dos participantes, o aprimoramento e a manutenção do aprendizado (*follow-up*):

- No IHS-Del-Prette: escore geral de habilidades sociais e nas subescalas de Enfrentamento e Autoafirmação com Risco, Conversação e Desenvoltura Social e em habilidades específicas requeridas nas situações de entrevista de emprego, cooperação no trabalho e manejo de críticas.
- No Questionário de Avaliação das Habilidades Sociais Aprendidas: relato de mudanças comuns à maioria de participantes (parte central) e de mudanças próprias de alguns, como ilustradas na Figura 2 a seguir.

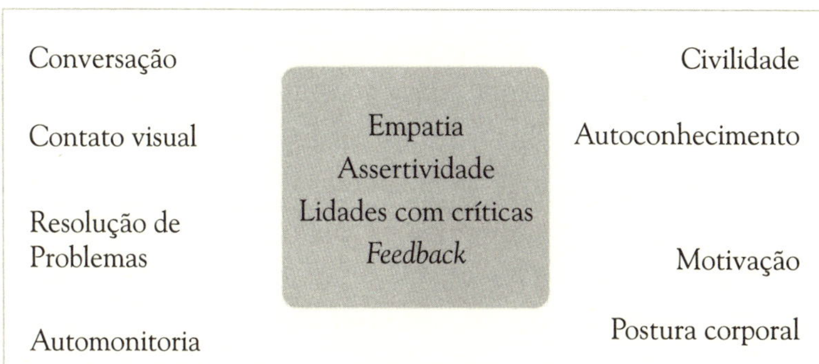

Figura 3.
Principais mudanças dos participantes do programa, conforme autoavaliação.

- Falas registradas nas filmagens ao longo das sessões: relatos de **progressos** e **de generalização,** em termos de mudanças positivas no próprio repertório de habilidades sociais ou de outro membro do grupo, atribuindo essas modificações ao programa.
- Avaliação de Processo: assiduidade elevada; faltas justificada antecipadamente e somente por impedimento incontrolável (entrevista de emprego, consulta médica própria ou de familiar etc.).
- Metas Intermediárias ao longo do programa: ocorrência das habilidades de elogiar o colega, oferecer-lhe apoio e relatar problemas.

Discussão

Conforme descrito neste capítulo, o **Programa de Desenvolvimento de Habilidades Sociais para o Trabalho para Pessoas com Deficiência Física** desempregadas constituiu um arranjo efetivo para a promoção de habilidades sociais profissionais desses participantes: os objetivos do programa foram atingidos e mantidos em habilidades sociais relevantes para a empregabilidade, a inserção e o bem-estar dessas pessoas. Os resultados sugerem a viabilidade e a efetividade do método vivencial, quando associado a técnicas cognitivo-comportamentais, incluindo tarefas de casa, para o treinamento de habilidades sociais. Empregadas de forma articulada com os objetivos de ensino, em termos de promoção de comportamentos abertos (componentes verbais, não verbais e paralinguísticos) e encobertos (pensamentos e sentimentos), as vivências constituem um método valioso de ensino-aprendizagem de habilidades sociais. Por sua vez, o alinhamento das tarefas de casa com os objetivos de ensino da sessão e com as necessidades específicas dos participantes permite que as habilidades sociais aprendidas sejam testadas e consequenciadas no ambiente natural dos participantes.

Os resultados evidenciaram a importância das **habilidades de processo** (como observar, prover *feedback* positivo, relatar problemas, oferecer apoio, elogiar etc.) para: favorecer a coesão do grupo, despertar a percepção de aceitação e pertencimento, promover a análise das dificuldades, fortalecer o vínculo de amizade e, assim, aumentar a probabilidade de criar contingências reforçadoras aos seus participantes, trazendo implicações terapêuticas, como de fato aparece em vários estudos (A. Del Prette & Del Prette, 2001; Yalom & Leszcz, 2006). As habilidades de elogiar e agradecer elogio surgiram em situações estruturadas, como em casos de expressão de contentamento dirigida ao colega por sua participação em alguma atividade ou pelos progressos nos desempenhos sociais, tanto dentro quanto fora do grupo. Além das demandas criadas pela situação, a terapeuta oferecia modelos tanto de elogiar como de agradecer elogios, o que parece ter sido importante para o fortalecimento dessas habilidades nos participantes. O oferecimento de ajuda também aparecia relacionado à execução de alguma atividade da sessão buscando estimular a exposição e a participação do colega, bem como em casos de necessidade de ajuda física para a locomoção e a mudança de cadeira.

Quanto ao relato dos problemas, observou-se a necessidade dos participantes conversarem sobre o enfrentamento da deficiência, seja esta de natureza adquirida ou congênita. Nessas situações, a terapeuta apresentava modelo de apoio e de elogio, dava *feedback* para esse desempenho ou, mesmo, dava sugestões sutis para que esses comportamentos ocorressem. Os participantes ainda compartilhavam as experiências de limitações físicas, oferecendo uns aos outros apoio sobre problemas de aceitação e de adaptação. Outros problemas que frequentemente eram relatados se referiam ao convívio familiar.

Quanto à Assiduidade, três participantes beneficiaram-se do transporte adaptado, oferecido pelas instituições onde o programa foi conduzido. Isso indica que o contexto também pode contribuir para a assiduidade de um programa, à medida que oferece suporte para o aproveitamento do serviço disponibilizado, como revelaram outros estudos (Linnan & Steckler, 2002; Murta, 2005). Nos programas em que a assiduidade às sessões tem um alto custo de resposta, como é o caso do deslocamento de pessoas com deficiência física, o terapeuta deve testar alguns motivadores extrínsecos, como mediar a obtenção de transporte, disponibilizar lanche após o término das sessões etc. O uso de **motivadores extrínsecos,** como sorteios de brindes, lanches, transporte, parece ter sido importante para assegurar a presença, especialmente nas primeiras sessões, competindo com o custo de resposta para a maioria dos participantes com dificuldades de locomoção. Por outro lado, esperava-se que um provável efeito do apoio do grupo e da satisfação da aprendizagem de habilidades sociais novas passasse a ocorrer como **reforçador "natural"**, que, segundo Yalom e Leszcz (2006), aumenta a adesão ao grupo. No entanto, é importante reconhecer que a motivação intrínseca à participação no grupo (aprendizagem e apoio grupal) em geral é percebida somente após algumas sessões.

No critério **Dose Recebida**, os indicadores **Cumprir a tarefa de casa** e **Envolver-se nas atividades** foram analisados. Além do cumprimento das tarefas, observou-se o envolvimento dos participantes nas atividades vivenciais das sessões, revelando que praticamente todos eles se engajaram nas vivências, demonstrando interesse e disposição para a realização destas. Esses resultados apontam que o método vivencial e os demais procedimentos de ensino empregados atenderam às necessidades dos participantes e promoveram o engajamento deles.

Em seu conjunto, os indicadores de resultado e de processo sugerem que a estrutura e o funcionamento do programa configuram uma intervenção viável e potencialmente aplicável a contextos comunitário, corporativo e educacional, podendo servir de base também para oficinas de preparação de pessoas com deficiência para o mercado de trabalho. No entanto, para que seja realmente efetivo, o programa requer um profissional preparado com conhecimento do campo das habilidades sociais e da área específica da deficiência, além de outras competências na condução de grupos, como o que caracterizou o presente programa.

Não se pretende aqui defender a promoção de habilidades sociais como mecanismo de superação dos problemas conjunturais de falta de emprego. No entanto, dentro dos limites próprios, entende-se que é uma estratégia importante de ampliação dos recursos comportamentais do indivíduo para superar dificuldades de relacionamento e enfrentar os desafios de sua entrada e manutenção no mundo do trabalho, sejam as entrevistas de emprego, as atividades profissionais ou outras adversidades cotidianas. Assim, o programa poderia ser tomado como uma **alternativa** para instituições profissionalizantes, nos diversos serviços e associações especializadas, e ainda na rede regular de ensino, provendo melhores condições de empregabilidade e oferecendo um recurso adicional aos fatores de proteção diante das intempéries presentes na busca de emprego.

> Programas para aquisição e manutenção de emprego não dispensam políticas públicas voltadas para a empregabilidade e também não substituem as avaliações sobre ensino regular médio e universitário, que devem e podem inserir em seus currículos objetivos de competência técnica, mas também de competência interpessoal.
>
> Del Prette e Del Prette (2004)

Os autores entendem que as pessoas com deficiência obtenham, assim, melhores recursos de empregabilidade e conquistem uma vaga no mercado de trabalho; isso, entretanto, não diminui a responsabilidade das empresas de promover condições e instrumentos adequados para a acessibilidade e a execução das atividades profissionais, de compreender as possibilidades de trabalho dos indivíduos com deficiência, de sensibilizar seus funcionários e gestores para a inserção dessas pessoas, de impedir a discriminação e exclusão no ambiente de trabalho e de oferecer um contexto efetivo para a inclusão de profissionais com deficiência no mercado formal. A perspectiva da inclusão envolve a responsabilidade das empresas atenderem à diversidade, assumindo também a sua parte na promoção de condições favoráveis ao ajustamento social e ao desenvolvimento profissional de pessoas com deficiência.

Algumas recomendações importantes na replicação deste programa

- Requisitar transporte adaptado para atender às necessidades específicas de algumas deficiências físicas, assegurando, assim, a possibilidade de participação.
- Garantir a acessibilidade no ambiente físico.
- Planejar alguns motivadores extrínsecos (por exemplo, transporte, lanche) especialmente nas sessões iniciais.
- Criar condições para que as novas aquisições obtenham consequências "naturais" do ambiente, orientando os pais para prover atenção aos relatos do participante, fazer comentários positivos etc.
- Planejar o ensino das habilidades de processo, tais como observar e descrever comportamentos, prover *feedback* positivo, para favorecer o aprendizado das habilidades sociais mais complexas e "para que o próprio grupo se constitua enquanto agente terapêutico ou educativo" (A. Del Prette & Del Prette, 2001, p. 110).
- Usar vivências, contextualizando-as em situações de ambiente de trabalho.
- Criar arranjos de grupos de vivência e grupo de observação, visando a promover estratégias de ensino para todos os participantes.

Referências

Arándiga, A. V., & Tortosa, C. V. (2005). *Programa de solución de conflictos interpersonales III*. Madrid: Editorial EOS.

Bastos, A. V. B. (2006). Trabalho e qualificação: Questões conceituais e desafios postos pelo cenário de reestruturação produtiva. In J. E. Borges-Andrade, G. S. Abbad & L. Mourão (Orgs.), *Treinamento, desenvolvimento e educação em organizações e trabalho: Fundamentos para a gestão de pessoas* (pp. 23-40). Porto Alegre: Artmed.

Cournoyer, B. R. (2007). *The social work skills workbook*. Belmont: Thomson Brokks/Cole.

Cozby, P. C. (2001/2003). *Métodos de pesquisa em ciências do comportamento* (P. I. Gomide & E. Otta, trads.). São Paulo: Atlas.

Cromby, J. J., Standen, P. J., & Brown, D. J. (1996). The potentials of virtual environments in the education and training of people with learning disabilities. *Journal of Intellectual Disability Research, 40*(6), 489-501.

Dalferth, M., Schnappauf, K., & Sommerer, L. (1995). Vocational integration of physically handicapped persons: A regional study in the Regensburg district. *Rehabilitation, 34*, 91-100.

Del Prette, A., & Del Prette, Z. A. P. (2001). *Psicologia das relações interpessoais: Vivências para um trabalho em grupo*. Petrópolis: Vozes.

Del Prette, A., & Del Prette, Z. A. P. (2003). No contexto da travessia para o ambiente de trabalho: Treinamento de habilidades sociais com universitários. *Estudos de Psicologia, 8*, 413-420.

Del Prette, A., & Del Prette, Z. A. P. (2005). A importância das tarefas de casa como procedimento para a generalização e validação do treinamento de habilidades sociais. In J. H. Guilhardi & N. C. Aguirre (Orgs.), *Primeiros passos em Análise do Comportamento e Cognição* (pp. 67-74). Santo André: ESETec.

Del Prette, A., Del Prette, Z. A. P., & Barreto, M. C. M. (1999). Habilidades sociales en la formación del psicólogo: Análisis de un programa de intervención. *Psicología Conductual, 7*, 27-47.

Del Prette, Z. A. P., & Del Prette, A. (1999). *Psicologia das habilidades sociais: Terapia e educação*. Petrópolis: Vozes.

Del Prette, Z. A. P., & Del Prette, A. (2001). *Inventário de Habilidades Sociais (IHS-Del-Prette): Manual de aplicação, apuração e interpretação*. São Paulo: Casa do Psicólogo.

Del Prette, Z. A. P., & Del Prette, A. (2005). Psicologia *das habilidades sociais na infância: Teoria e Prática*. Petrópolis: Vozes.

Linnan, L., & Steckler, A. (2002). Process evaluation for public health interventions and research: An overview. In A. Steckler & L. Linnan (Orgs.), *Process evaluation for public health interventions and research* (pp. 1-23). San Francisco: Jossey-Bass.

Milesi, H. T., & Pereira, C. S. (2007). A inclusão de pessoas com deficiência em empresas concessionárias de rodovias. *Argumento, 9*, 82-91.

Moses, B., & Gordon, M. (1999). *"Com licença?": Aprendendo sobre convivência*. São Paulo: Scipione.

Murta, S. G. (2005). *Planejamento, implementação e avaliação de um Programa de manejo de estresse ocupacional*. Tese de doutorado, Instituto de Psicologia, Universidade de Brasília, Brasília.

Olivares, J., Mendez, F. X., & Ros, M. C. (2005). O treinamento de pais em contextos clínicos e da saúde. In V. E. Caballo & M. A. Simón (Orgs.), *Manual de psicologia clínica infantil e do adolescente: Transtornos específicos* (pp. 365-385). São Paulo: Santos.

Pereira, C. S. (2006). *Habilidades sociais em trabalhadores com e sem deficiência física: Uma análise comparativa*. Dissertação de mestrado, Programa de Pós-Graduação em Educação Especial, Universidade Federal de São Carlos, São Carlos.

Pereira, C. S. (2010). Programa de habilidades sociais profissionais para pessoas com deficiência física desempregadas: Necessidades, Processo e Efeitos. Tese de doutorado, Programa de Pós-Graduação em Educação Especial, Universidade Federal de São Carlos, São Carlos.

Pereira, C. S., & Del Prette, A. (2007). Vendedor com paralisia cerebral bem-sucedido: Análise de um filme na perspectiva das habilidades sociais. *Revista Brasileira de Orientação Profissional, 8*, 87-91.

Pereira, C. S., & Del Prette, A. (2008). Habilidades sociais em um grupo de funcionários com deficiência física: Há diferença entre sexo? In M. A. Almeida, E. G. Mendes & M. C. P. I. Hayashi (Orgs.), *Temas em educação especial: Múltiplos olhares* (pp. 338-346). Araraquara: Junqueira & Marin.

Pereira, C. S., Del Prette, A., & Del Prette, Z. A. P. (2004). A importância das habilidades sociais na função do técnico em segurança do trabalho. *Argumento, 6*, 103-113.

Pereira, C. S., Del Prette, A., & Del Prette, Z. A. P. (2008). Qual o significado do trabalho para as pessoas com e sem deficiência física? *Psico-USF, 13*, 105-114.

Pereira, C. S., Del Prette, A., & Del Prette, Z. A. P. (2009). Habilidades sociais de trabalhadores com e sem deficiência física. *Psicologia: Teoria e Pesquisa, 25*, 339-346.

Pinheiro, M. I. S., Haase, V. G., Del Prette, A., Amarante, C. L. D., & Del Prette, Z. A. P. (2006). Treinamento de habilidades sociais educativas para pais de crianças com problemas de comportamento. *Psicologia: Reflexão e Crítica, 19*(3), 407-414.

Rossi, P. H., Lipsey, M. W., & Freeman, H. E. (2004). *Evaluation: A systematic approach.* Thousand Oaks: Sage Publications.

Rotheram-Borus, M. J., & Duan, N. (2003). Next generation of preventive interventions. *Journal of the American Academy of Child & Adolescent Psychiatry, 42*, 518-5

Sarriera, J. C., Câmara, S. G., & Berlim, C. S. (2006). *Formação e orientação ocupacional: Manual para jovens à procura de emprego.* Porto Alegre: Sulina.

Tanaka, E. D. O., & Manzini, E. J. (2005). O que os empregadores pensam sobre o trabalho da pessoa com deficiência? *Revista Brasileira de Educação Especial, 11*, 273-294.

Thomas, A. P., Bax, M. C., & Smyth, D. P. (1988). The social skill difficulties of young adults with physical disabilities. *Child Care Health Development, 14*, 255-264.

Vila, E. M., & Del Prette, A. (2009). Relato de um programa de Treinamento de Habilidades Sociais com professores de crianças com dificuldades de aprendizagem. In S. R. de Souza & V. B. Haydu. (Orgs.), *Psicologia Comportamental Aplicada: Avaliação e intervenção nas áreas do esporte, clínica, saúde e educação* (pp. 113-135). Londrina: EDUEL.

Yalom, I. D., & Leszcz, M. (2006). *Psicoterapia de grupo: Teoria e prática.* Porto Alegre: Artmed.

8

Programa de habilidades sociais assertivas para idosos

Ana Carolina Braz[1]
Zilda A. P. Del Prette

Alguns grupos, dentre os quais os idosos, parecem mais vulneráveis a violações de seus direitos. Uma das formas graves de violação de direitos é a violência contra os idosos. Conforme esse contingente populacional cresce, aumentam também os relatos de casos de agressões contra idosos (Espíndola & Blay, 2007), a ponto de despertar a atenção da Organização Mundial da Saúde (WHO, 2002). Para esse órgão, a violência contra os idosos pode assumir diferentes formas: abusos físicos, psicológicos, sexuais, exploração financeira (WHO, 2002).

No Brasil, uma das medidas de proteção aos direitos dos idosos, instituída em 2003, foi o **Estatuto do Idoso**. Trata-se de uma medida importante, que valida o reconhecimento desses direitos no contexto social e estabelece contingências para qualquer tipo de violência ou abuso contra eles. Ainda assim, considerando as transgressões cotidianas, essas violações podem ocorrer em contexto institucional (Shinan-Altman & Cohen, 2009; Schraiber, D'Oliveira, & Couto, 2006), em ambientes públicos

[1] Este capítulo apresenta o programa de intervenção analisado na dissertação de mestrado da primeira autora, realizada no Programa de Pós-Graduação em Psicologia da UFSCar, sob a orientação da segunda autora. Apoio financeiro: Bolsa de Mestrado FAPESP.

como calçadas, vias públicas e transportes coletivos (Prado & Perracini, 2007), e nos relacionamentos com familiares ou com pessoas próximas (Gaioli & Rodrigues, 2008).

Estudos recentes sobre a **violência contra idosos brasileiros** (Abath, Leal, Filho, & Marques, 2010; Cavalcanti & Souza, 2010; Souza & Minayo, 2010; Rodrigues *et al.*, 2010) relatam que são frequentes os casos de agressões físicas (espancamentos, pontapés, bofetadas), bem como de exploração financeira, negligência, abandono e violência psicológica, perpetrados pelos familiares e pelas pessoas próximas contra os idosos, em ambientes domésticos. Esses autores destacam o impacto de tais transgressões sobre a saúde do idoso e alertam que o panorama real de agressões pode ser ainda pior, uma vez que os números correspondem à parcela dos casos de agressões denunciadas, a maior parte permanecendo no sigilo do ambiente doméstico.

A violação de direitos interpessoais dos idosos é um sério problema de saúde pública que requer intervenções específicas junto a essa população.

Ao lado das medidas legais, o exercício e a defesa de direitos dependem, também, entre outros fatores, de **habilidades sociais de defesa e enfrentamento** diante de situações de violação. Assim, um repertório de habilidades sociais, especialmente das chamadas habilidades assertivas, representa um recurso pessoal indispensável para o exercício de direitos (Braz, Del Prette, & Del Prette, s.d.), No caso dos idosos brasileiros, há evidências de déficits em habilidades sociais de conversação, expressão de sentimentos e de opiniões (Lima, 2000), bem como em habilidades sociais que envolvam potencial risco de conflito com os outros (Carneiro & Falcone, 2004). Em revisão de literatura, Carneiro (2008) identificou vinte situações sociais em que os idosos apresentavam maiores deficiências no desempenho de habilidades sociais, o que incluía habilidades assertivas importantes como: fazer pedido com conflito de interesses; fazer pedido de mudança de comportamento; recusar pedidos; responder a críticas; cobrar dívidas; defender os próprios direitos em situações nas quais são oferecidos serviços insatisfatórios. Além disso, Carneiro (2008) identificou dificuldades dessa clientela em outras classes de habilidades sociais que são complementares ao desempenho assertivo, como é o caso de habilidades de autocontrole e de empatia.

Assim, dada a constatação desses déficits e a importância das **habilidades sociais para o exercício de direitos**, uma alternativa relevante para garantir e ampliar os direitos dos idosos consiste em promover essas habilidades e superar déficits nessa área. Uma estratégia para isso são os programas de Treinamento de Habilidades Sociais (THS). Não obstante indicadores de efetividade de programas de THS com diferentes populações (Murta, 2005), no Brasil são escassos os relatos de programas de THS com a população idosa e, portanto, de evidências empíricas de efetividade desses programas.

Habilidades Sociais Assertivas e o exercício de direitos

A **assertividade** foi inicialmente estudada no contexto de um movimento bastante forte nos Estados Unidos, na década de 1970, denominado Assertividade, ou Treinamento Assertivo (Del Prette, 1978; Alberti & Emmons, 1986; Jakubowski & Lange,

1978; Bower & Bower, 1977; Caballo, 1993). Originalmente, segundo Alberti e Emmons (1986), o conceito de assertividade incluiria os comportamentos de agir conforme os próprios interesses, defender posições sem ansiedade, expressar sentimentos de maneira honesta e tranquila e exercer os próprios direitos sem negar os direitos dos outros.

O conceito de **assertividade**, desde sua origem, está relacionado com o exercício de direitos interpessoais.

Historicamente, anos depois, o conceito de assertividade foi ampliado e redefinido (Hargie, Saunders, & Dickson, 1994), o que permitiu a elaboração de um contínuo de respostas: em um extremo estariam localizadas as respostas **não assertivas**, e, num outro, as **agressivas**. Situadas num ponto intermediário desse mesmo contínuo, estariam as respostas assertivas. Com o desenvolvimento do campo teórico-prático das habilidades sociais, a assertividade foi gradualmente assimilada e entendida como uma de suas classes, certamente das mais importantes (Del Prette & Del Prette, 2001; Del Prette & Del Prette, 1999).

Sob o conceito de habilidades assertivas, a literatura mais recente (Del Prette & Del Prette, 2001; Del Prette & Del Prette, 1999, 2003, 2005) reúne um conjunto de subclasses, conforme se ilustra na Figura 1.

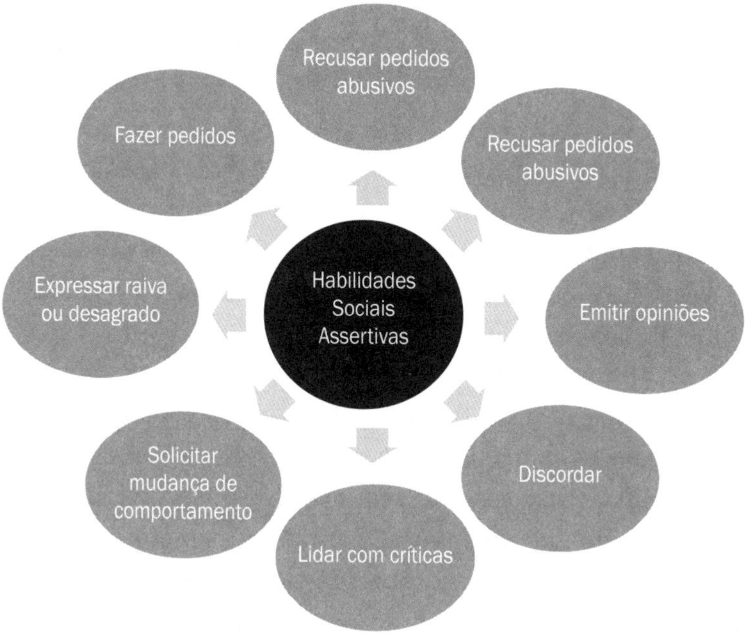

Figura 1.
Subclasses de componentes das habilidades sociais assertivas.

Ao proporem o conjunto dessas subclasses, Del Prette e Del Prette (2003) chamam a atenção para as mudanças culturais que valorizam atualmente um **conjunto mais amplo de habilidades** assertivas em relação àquelas inicialmente especificadas na década de 1970 (Alberti & Emmons, 1986), além de outras classes de habilidades sociais. Nesse sentido, tais autores sugerem o ensino do **autocontrole** e da **automonitoria** (Del Prette & Del Prette, 2001; 2010) como ingredientes também indispensáveis no exercício da assertividade. Falcone (2000), por sua vez, chama a atenção para o papel complementar da **empatia**, argumentando que, ao minimizar os efeitos negativos do desempenho assertivo, amplia a efetividade da resposta assertiva. Entende-se, portanto, que um programa de habilidades sociais assertivas deve incluir, também, as classes de habilidades sociais complementares, como autocontrole, automonitoria e empatia.

> Articular as habilidades sociais assertivas a outras classes de habilidades sociais (como automonitoria, empatia e autocontrole) amplia a efetividade da resposta assertiva.

Ainda de acordo Del Prette e Del Prette (2005), a assertividade está fundamentada na noção da igualdade de direitos e deveres e de legitimidade de comportamentos voltados para a **reivindicação e defesa desses direitos** e para o estabelecimento de condições de respeito e dignidade. Adicionalmente, o exercício de direitos, implica, portanto, um conjunto de habilidades sociais relativamente complexas, cuja aprendizagem e proficiência requerem a estruturação de condições especiais de ensino e aprendizagem. Isso pode ser alcançado por meio de programas de habilidades sociais, especialmente se embasados no método vivencial.

O Programa de Habilidades Sociais Assertivas (PHSA)

O **Programa de Habilidades Sociais Assertivas (PHSA)** constitui um desdobramento de estudo anterior (Braz, 2007), que avaliou os efeitos de uma intervenção instrucional (aulas sobre o Estatuto do Idoso) sobre o repertório de habilidades sociais – principalmente as assertivas – dos idosos. Verificou-se que essa modalidade de intervenção, ainda que possível coadjuvante desse processo, não era condição suficiente para produzir impacto no repertório de habilidades assertivas dos participantes. Esses resultados levaram ao planejamento de um programa de ensino de habilidades sociais, com base em condições estruturadas especificamente para isso. O programa foi **testado sob um delineamento placebo** (Rocha, Del Prette, & Del Prette, 2008), que incluía um grupo controle de atividades grupais dialogadas.

Participantes

Os participantes foram dois homens e treze mulheres, que frequentavam um grupo de Terceira Idade organizado e mantido por uma escola particular de uma cidade do interior de São Paulo com aproximadamente 300 mil habitantes. Essa escola oferecia atividades como bingos, aula de música, curso de dança, excursões etc., porém não atividades destinadas ao ensino ou ao exercício de direitos.

Etapas iniciais do PHSA

A primeira etapa do trabalho consistiu do *rapport*, formação de vínculo e oferecimento do programa. Os participantes foram divididos em dois subgrupos, atendidos sequencialmente (a intervenção foi realizada inicialmente com o Grupo Experimental e, posteriormente, o Grupo-Controle também passou pela intervenção). O Grupo Experimental compôs-se de um homem e sete mulheres com idade igual ou superior a sessenta anos, que não tinham frequentado aulas sobre os direitos dos idosos.

Na sequência, foi feita a **avaliação do repertório inicial dos interessados** em participar do programa por meio da aplicação do Inventário de Habilidades Sociais para Idosos (IHSI-Del-Prette, Del Prette, & Del Prette, s.d.) e de um questionário sobre o reconhecimento de direitos do Estatuto do Idoso, o Inventário sobre o Reconhecimento de direitos do Estatuto do Idoso (IREI).

- O *IHSI-Del-Prette* é uma versão do Inventário de Habilidades Sociais (IHS-Del-Prette, de Z. Del Prette, & Del Prette, 2001), em fase de normatização no Brasil (Del Prette & Del Prette, 2009), composto de 38 itens e utilizado neste estudo ainda com estrutura fatorial do instrumento original, que permite agrupar as habilidades em cinco subescalas: (F1) Enfrentamento e Autoafirmação com Risco; (F2) Autoafirmação na Expressão de Sentimento Positivo; (F3) Conversação e Desenvoltura Social; (F4) Autoexposição a Desconhecidos e Situações Novas; (F5) Autocontrole da Agressividade.
- O *IREI*, desenvolvido por Braz (2010, 2007) com base nos direitos assegurados pelo Estatuto do Idoso, é composto por questões qualitativas e de múltipla escolha, que abordam oito itens da legislação: (a) conhecimento do item; (b) discriminação de situações em que o direito foi violado, (c) discriminação de sentimentos de injustiça pela violação do direito e (d) tomada (ou não) de providência diante do desrespeito. Cada uma das questões pode ser pontuada gerando um escore que varia de zero a 64, sendo que as pontuações maiores indicariam avaliações mais positivas quanto ao reconhecimento, à compreensão e ao exercício de direitos.

Esses instrumentos foram reaplicados logo após o encerramento do programa, juntamente com um questionário de **Avaliação de**

Satisfação do Usuário (ASU), elaborado com base em Rocha (2009) e em Kohr, Parrish, Neef, Driessen e Hallinan (1988).

Planejamento do programa

O planejamento do PHSA pode ser descrito por meio de três etapas principais: (a) Definição e organização dos objetivos; (b) Estrutura das sessões; (c) Procedimentos, estratégias e recursos para cada sessão. Cada uma dessas etapas será brevemente descrita a seguir.

Objetivos do PHSA

Com base na avaliação do repertório inicial de comportamentos dos participantes, foram selecionadas as habilidades sociais deficitárias que seriam objeto do PHSA. Considerando o foco do programa em assertividade para o exercício de direitos, foram selecionadas as subclasses de habilidades de Enfrentamento e Autoafirmação com Risco e de Autoafirmação na Expressão de Sentimento Positivo, conforme descritas no IHS-Del-Prette (Del Prette & Del Prette, 2001), identificadas como deficitárias no repertório dos participantes. Outro objetivo do programa foi desenvolver o repertório de **habilidades sociais de processo,** bem como duas habilidades sociais consideradas complementares à assertividade: **empatia** (Falcone, 2000) e **autocontrole** na expressão de emoções (Del Prette & Del Prette, 2001).

Principais déficits dos participantes

- Recusar pedidos abusivos
- Lidar com críticas
- Fazer pedido
- Cobrar dívida
- Falar em público
- Expressar opinião
- Discordar
- Expressar desagrado
- Abordar pessoa para relação sexual
- Pedir mudança de comportamento
- Pedir ajuda
- Iniciar, manter e encerrar conversação

O estabelecimento da sequência das habilidades baseou-se na avaliação inicial do repertório dos participantes, em termos de seus recursos e déficits em habilidades sociais assertivas e habilidades complementares.

Estrutura das sessões

As sessões foram organizadas de modo a possibilitar que cada participante aprendesse as habilidades em que apresentava déficits e as habilidades de processo previamente referidas, organizando-se um formato geral para as sessões, composto por três conjuntos de atividades (ou "módulos"). A descrição dos procedimentos utilizados em cada um desses módulos é apresentada adiante, na seção de condução do PHSA.

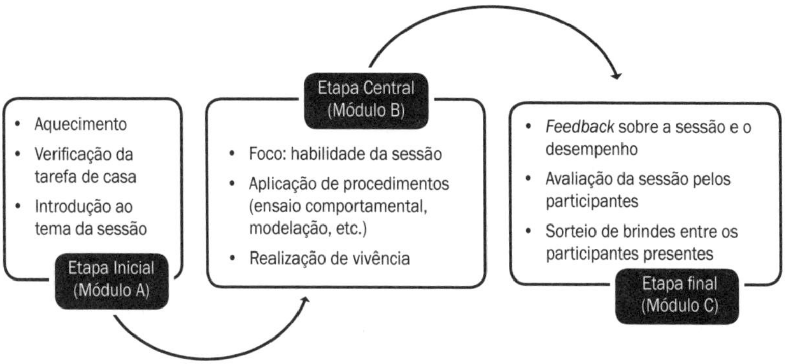

Figura 2.
Estrutura geral das sessões do PHSA.

Procedimentos e recursos para cada sessão

Nessa etapa, foram selecionados os procedimentos para a consecução dos objetivos previamente estabelecidos. Esse planejamento foi baseado na literatura sobre programas de Treinamento Assertivo e de Habilidades Sociais (Alberti & Emmons, 1986; Jakubowski & Lange, 1978; A. Del Prette & Del Prette, 2001; Bower & Bower, 1977; Caballo, 1993; Z. Del Prette & Del Prette, 1999, 2005) e também no **método vivencial** associado a técnicas cognitivo-comportamentais (reforçamento, modelagem, modelação, *feedback*, *role-play* e ensaio comportamental, tarefas de casa), tal como proposto por A. Del Prette e Del Prette (2001, 2005) e Z. Del Prette e Del Prette (1999, 2005).

Assim, as vivências utilizadas foram conduzidas conforme as instruções dos **protocolos** contidos nos **manuais** de A. Del Prette e Del Prette (2001) ou adaptadas de Z. Del Prette e Del Prette (2005). A seleção das vivências foi orientada pelos objetivos intermediários para cada sessão e os objetivos finais do programa como um todo, definidos a partir da avaliação do repertório inicial dos participantes. Ao término desse processo, obteve-se uma estrutura do programa que foi organizado em dez sessões.

Resumo das sessões

As sessões foram conduzidas pela facilitadora (primeira autora) com o apoio de uma auxiliar (estudante de psicologia) devidamente treinada para a filmagem das sessões e demais registros relevantes, como *feedback* ao facilitador na condução das sessões.

Sessões 1 e 10: Avaliação inicial e final. A primeira avaliou o repertório de comportamentos de entrada dos participantes, ou seja, recursos disponíveis, comportamentos concorrentes (o que permitiu inferir déficits), condições ambientais, motivadores etc. Além disso, na primeira sessão apresentou-se: (a) a estrutura geral do programa com previsão do período de tempo necessário; (b) a racional do programa; (c) as normas de funcionamento; (d) o contrato entre o facilitador e os membros do grupo. Na última sessão, foi realizada a avaliação final, com replicação de todos os instrumentos (*IHSI-Del-Prette* e *IREI*). Na oportunidade foi feita uma Avaliação de Satisfação do Usuário (*ASU*) com o programa recebido. O programa foi encerrado com uma confraternização, um lanche e agendamento de uma data de retorno para avaliação de seguimento (quatro meses depois da avaliação realizada na última sessão) e uma devolutiva final dos resultados obtidos pelos participantes.

Sessão 2: Habilidades de processo. As principais habilidades treinadas nessa sessão foram: (a) observar o comportamento das pessoas; (b) descrever comportamentos; (c) fazer perguntas; (d) escutar de maneira atentiva. Para a atividade de aquecimento, distribuíram-se fichas contendo descrições de comportamentos (por exemplo, "ninar um bebê", "fazer ginástica", "ler jornal") para serem reproduzidos de forma não verbal e identificados pelos observadores. Nessa sessão, foram utilizados recursos didáticos, a vivência "Complemento Indispensável" (Del Prette & Del Prette, 2001, p. 137-139) e o *role-play* de situações relacionadas. A tarefa de casa foi escolher e observar um colega do grupo.

Sessão 3: Expressividade emocional. Foram treinadas as habilidades de: (a) observar sentimentos e emoções; (b) identificar os antecedentes relacionados aos sentimentos e emoções; (c) avaliar consequências para a expressão emocional; (d) falar sobre sentimentos, e (e) expressar sentimentos e emoções. Na etapa inicial, foi retomada a tarefa de casa anterior. Realizou-se um aquecimento sobre o tema da sessão em que os participantes, diante de uma ficha contendo ilustrações de sentimentos variados, deveriam falar sobre seus sentimentos naquele momento. Foi feita exposição oral sobre o tema, ensaio comportamental da expressão de emoções a partir de fotografias, instruções para observação e descrição de emoções expressas pelos colegas, e a vivência "Reconhecendo e comunicando expressões" (Del Prette & Del Prette, 2001, p. 145-147). A tarefa de casa para os participantes foi observar, identificar e registrar os próprios sentimentos e emoções, os contextos e interlocutores em que ocorreram durante uma semana. Foi disponibilizada também uma ficha contendo contornos de faces que deveriam ser preenchidas com as emoções correspondentes a cada dia da semana.

Sessão 4: Empatia. As habilidades treinadas foram: (a) observar o comportamento de alguém; (b) prestar atenção a ele; (c) reconhecer sentimentos do interlocutor; (d) colocar-se no lugar do outro; (e) demonstrar interesse pelo seu sentimento; (f) expressar apoio/compreensão e ajuda. A sessão iniciou-se com a retomada da tarefa de casa anterior, seguida pelos *feedbacks*, observações e instruções da facilitadora ao grupo. Foi feita uma exposição dialogada sobre empatia, seguida pela vivência "Vivendo o papel do outro" (Del Prette & Del Prette, 2001, p. 169-171) e ensaio comportamental de habilidades sociais empáticas sob diferentes demandas (pessoas doentes em espera no consultório médico, idosos no ponto de ônibus etc.). A tarefa de casa dessa sessão consistiu em praticar a empatia com o colega do grupo.

Sessão 5: Autocontrole. As principais habilidades treinadas foram: (a) expressar emoções (positivas e negativas); (b) falar sobre emoções e sentimentos; (c) lidar com os próprios sentimentos (positivos e negativos). Primeiramente, foi retomada a tarefa de casa anterior. Como aquecimento para a sessão, a terapeuta solicitou aos participantes que indicassem quais emoções eram fáceis ou difíceis de controlar. Em seguida, utilizando os relatos como exemplos, a facilitadora conduziu uma exposição sobre autocontrole da expressão de emoções, intercalada com *role-playing* de situações de demanda de habilidades sociais de autocontrole e a vivência "Perguntas sem resposta" (Del Prette & Del Prette, 2001, p. 151-153). Como tarefa de casa, solicitou-se que os participantes fizessem a auto-observação e o registro da expressão dos próprios sentimentos e emoções durante a semana, o contexto em que ocorreram, os interlocutores envolvidos e as consequências observadas.

Sessão 6: Pensar assertivamente. As habilidades sociais treinadas nessa sessão foram: (a) distinguir as diferenças de respostas assertivas, não habilidosas passivas e não habilidosas ativas (agressivas) em termos de eventos antecedentes, resposta e consequências; (b) reconhecer direitos; (c) identificar situações em que houve violação; (d) discriminar o que é relevante ou não nos relacionamentos interpessoais; (e) levantar alternativas de respostas assertivas para cada situação. A tarefa de casa foi verificada. Adicionalmente, foi realizada a vivência "Nem passivo, nem agressivo: assertivo" (Del Prette & Del Prette, 2001, p. 156-160), contendo situações adaptadas ao contexto dos idosos, a partir de relatos sobre situações de violação de direitos indicadas pelos participantes na avaliação realizada com o instrumento *IREI*. Utilizou-se exposição oral e ensaio comportamental sobre o pensar assertivamente, seguidos pela leitura da história "As três Marias" (ver adiante), pedindo-se que os participantes usassem os três cartões coloridos para indicar as alternativas de desempenho (vermelho = agressivo; verde = assertivo; amarelo = passivo). Como tarefa de casa, solicitou-se que os participantes escolhessem uma pessoa próxima (familiar, amigo, vizinho) para praticar o pensar assertivo.

Sessão 7: Aceitar ou recusar; concordar ou discordar. As principais habilidades treinadas foram: (a) aceitar e recusar pedidos; (b) concordar e discordar; (c) expressar opinião. Foi retomada a tarefa de casa anterior. No aquecimento para o tema da sessão, utilizou-se a vivência "O sim e o não" (Del Prette & Del Prette, 2005, p. 186). Em seguida, foram apresentadas frases com ditos populares, para os quais os participantes deveriam expressar sua opinião, em termos de concordância ou discordância. Houve exposição oral sobre o tema, seguida pela vivência "Peça o que quiser" (Del Prette & Del Prette, 2001, p. 174). A tarefa de casa da semana consistiu em fazer um pedido abusivo e um razoável a colega do grupo (definido por sorteio entre os presentes) e observar sua reação.

Sessão 8: Pedir mudança de comportamento. As habilidades treinadas foram: (a) descrever comportamento do colega; (b) expressar desagrado diante do comportamento do outro; (c) solicitar mudança de comportamento; (d) consequenciar positivamente mudança de comportamento. Houve a retomada da tarefa de casa anterior. Utilizou-se a exposição oral, por meio da apresentação de uma história de Bower e Bower (1977) sobre uma situação de conflito entre cônjuges, em que a mulher tem dificuldades de pedir ao marido uma mudança de comportamento. Na sequência, utilizou-se *role-play* da história com participantes do grupo. A facilitadora apresentou os passos sugeridos para o sistema DESC (**Descrever** comportamento, **Expressar** desagrado, **Solicitar** mudança, **Consequenciar** mudança). A tarefa de casa proposta foi aplicar o DESC, com base no ensaiado em sessão, a uma pessoa de convívio próximo, considerando as discussões de alternativas sobre desempenho feitas durante essa sessão.

Sessão 9: Exercer e defender direitos. As habilidades treinadas foram: (a) identificar direitos violados; (b) levantar alternativas de respostas assertivas, bem como suas prováveis consequências; (c) iniciar interação com autoridade; (d) manter interação com autoridade; (e) descrever situação em que o direito foi violado; (f) expressar desagrado diante da violação; (g) solicitar mudança; (h) negociar. No início da sessão, foi retomada a tarefa de casa anterior. Utilizou-se exposição oral sobre o tema da sessão, seguida da vivência "Fazendo pedido ao prefeito" (Del Prette & Del Prette, 2005, p. 190-194), em que os participantes, em grupos, discutiram situações de violação dos direitos dos idosos em seu bairro e em sua cidade, para, em seguida, realizarem *role-play* conforme sugerido no protocolo dessa vivência.

Recursos utilizados

Durante as sessões, a facilitadora utilizou diferentes recursos didáticos, como histórias, suplementos e registros em áudio que incorporavam os resumos dos pontos principais de sessões. Seguem-se exemplos de dois recursos utilizados.

As três Marias. História utilizada como **aquecimento** na Sessão 6 para introduzir o tema "Pensando assertivamente". O enredo é sobre três idosas: Maria Augusta, Maria Betânia e Maria Carolina. A facilitadora conduz a apresentação da história de forma dialogada, como reproduzido a seguir:

> Quem de vocês tem irmãos e irmãs? Hoje vou contar uma historinha sobre família e almoços de domingo. Conheçam as três irmãs: Maria Augusta, Maria Betânia e Maria Carolina. Todas elas têm seus setenta e poucos anos. Quem daqui está na mesma idade? Todas elas se casaram e têm filhos. E os filhos têm netos. Famílias muito lindas! E as três irmãs são iguais e diferentes ao mesmo tempo. Acontece com vocês também?
>
> **Maria Betânia** cozinha muito bem e ama receber sua família. A única coisa de que ela não gosta é do que vem depois do almoço: uma pilha de louças, talheres, copos e panelas! Ela sente vontade de chorar quando vê. Maria Betânia, após cozinhar tudo sozinha e servir todos, está muito cansada, é claro. E se vê diante daquele mundo de louça, e o pior: sem alguém disposto a ajudá-la! **Vocês podem imaginar como ela se sente? (PAUSA) E o que ela faz? (PAUSA). E se fosse com vocês? (PAUSA).** Bem, diante

de tudo isso, ela fica uma fera. E imaginem o que ela faz? Sai brigando com todo mundo! E as pessoas? Saem de fininho e ficam magoadas, é claro. Maria Betânia acaba o domingo cansada, chateada e lavando uma pilha de louça.

Já **Maria Carolina**, a caçula das três, também prepara um almoço muito gostoso. Todos de sua família adoram os domingos na casa da "vó" Maria Carolina. Depois do almoço, Maria Carolina fica com vergonha de pedir que a ajudem com a louça. Ela pensa: "Parece que eu estou cobrando deles o almoço ao pedir que eles lavem a louça!". Ela deixa quieto e acaba lavando tudo sozinha. **Como vocês acham que ela fica? (PAUSA)**. Dia após dia, Maria Carolina se vê mais sem vontade de cozinhar tudo aquilo de domingo e sentindo-se mais usada pelos outros.

Maria Augusta, a irmã do meio, também cozinha aos domingos. Faz um nhoque que é uma delícia! E vocês, o que gostam de comer aos domingos? E com ela acontece a mesma coisa: família feliz e satisfeita. Também tem a pilha de louça, mas aqui acontece algo diferente. **O que vocês acham que** é? **(PAUSA)**. Ao fim do dia a louça está lavada, Nair está satisfeita e com a família passando mais tempo com ela. Não houve mágica, não! No começo, Nair lavava a louça toda sozinha e, assim como as suas irmãs, sentia-se cansada e pouco valorizada e, às vezes, sentia raiva. Até que um dia ela resolveu contar para seus filhos o que estava acontecendo, e os dois, no mesmo instante, propuseram uma divisão de tarefas na hora de lavar a louça. E é assim que todo domingo acaba: um batalhão animado de filhos, noras e netos lava a louça, deixando a cozinha também animada e Maria Augusta feliz com a família que tem.

Recurso audiovisual para a vivência – "Nem passivo, nem agressivo: assertivo!" (Del Prette & Del Prette, 2001). A facilitadora apresenta a situação e as alternativas de desempenho para os participantes avaliarem qual é o passivo, o agressivo e o assertivo.

Situação 1: Nair, 73 anos, está na fila do banco para receber seu pagamento. É começo de mês e o banco está muito cheio, havendo várias filas. No banco em que é correntista, há uma fila prioritária para idosos, gestantes e deficientes, e o tempo de espera naquele dia era de trinta minutos. Estando na fila há quase meia hora, Margarida observa um rapaz indo em direção ao caixa de sua fila e conversando amistosamente com o funcionário. Em seguida, o rapaz retira alguns boletos e entrega-os ao cobrador, que efetua os pagamentos.

- **Desempenho A**: Nair dirige-se ao rapaz, cutuca o ombro dele e diz: "Você não está vendo? Essa fila é só para idosos, seu espertinho! Pensa que a gente não viu que você quis furar a fila? Sua fila é outra! Saia daqui agora, saia!", apontando para outra fila.
- **Desempenho B**: Nair olha para seu relógio, olha para a fila e pensa: "Se eu falar alguma coisa, ele pode me xingar. Vou deixar tudo como está, pois daqui a pouco serei atendida".
- **Desempenho C**: Nair se dirige ao rapaz e diz: "Moço, essa fila é especial para nós, idosos. Já estamos aqui há mais de meia hora e, assim como você, também temos pressa e queremos ser atendidos. Além disso, a sua fila

não é esta. Você poderia seguir para a sua fila e aguardar a sua vez, como todos nós estamos fazendo?".

Situação 2: Alcides, durante muitos anos, exerceu a profissão de contador. Após algum tempo aposentado e passando por sérias dificuldades financeiras, ele resolve procurar um emprego. Observa nos classificados um anúncio de vaga que lhe agrada e se candidata a ela, sendo convocado para a entrevista. No dia da entrevista, ao chegar ao local, depara com o entrevistador, que o observa, lê o currículo e realiza a entrevista apressadamente, fazendo poucas perguntas e demonstrando pouco interesse pelo candidato. Antônio percebe isso e comenta com o entrevistador se há algo o incomodando. O entrevistador responde que Antônio seria mais novo, e que não se sentia seguro de contratar alguém na fase da vida em que Alcides se encontra.

- **Desempenho A:** Alcides abaixa a cabeça e pensa: "É, realmente, hoje em dia, as pessoas mais jovens são melhores e mais rápidas mesmo. Que tolice a minha em pensar em voltar! Moço, desculpe por fazê-lo perder seu tempo comigo". Em seguida, despede-se e sai.
- **Desempenho B:** Alcides diz: "Agora, eu é que fiquei confuso. Quando li o anúncio, não havia qualquer restrição de idade para essa vaga. Além disso, como trabalhei durante anos como contador, aprendi muito, tenho muita experiência, e isso seria vantajoso, pois meu tempo de treinamento seria bem menor do que o de uma pessoa inexperiente".

- **Desempenho C:** Alcides diz: "Que palhaçada é essa, seu moleque? Nunca vi esse tipo de decisão... Só porque tenho alguns anos a mais quer dizer que eu presto menos que os mais novos? Ou é porque os jovens são pouco exigentes com salário e custam menos para as empresas, é? Vontade de trabalhar não depende da idade!"

Situação 3: Isabel é viúva e há pouco tempo fraturou uma perna, o que exige, temporariamente, cuidados especiais. Um de seus filhos resolve levar sua mãe para morar com ele e, enquanto ela está sob seus cuidados, o filho tem ficado com todo o pagamento da aposentadoria dela, sem lhe prestar conta alguma.

- **Desempenho A**: Isabel diz: "Meu filho, agradeço muito você cuidar de mim enquanto eu me recupero. Contudo, há duas coisas que estão deixando-me preocupada: não saber exatamente quais são as minhas despesas aqui, para que eu possa pagar-lhe como devo, e não receber meu pagamento para eu administrar e pagar outras dívidas. Além disso, o que você acha de a gente calcular os gastos e eu repassar-lhe a quantia exata?".
- **Desempenho B**: Isabel diz: "Você acha que eu nasci ontem, é? Pode me entregar o dinheiro, e rápido! De agora em diante, quem cuida das minhas contas aqui sou eu, entendeu bem? Não quero intromissão no que é meu!

- **Desempenho C**: Isabel pensa: "Ah, ele é meu filho e sabe como está agindo. Ele já está fazendo um grande favor em cuidar de mim. É melhor eu não ser malcriada e arranjar confusão com ele e com a minha nora, que são tão bons para mim! Depois acerto minhas outras contas".

Resultados

Ao término das dez sessões de intervenção, foi realizada a nova avaliação com o IHSI-Del-Prette (Del Prette & Del Prette, s.d.), que foi repetida, quatro meses após o encerramento do programa, para verificar a manutenção das habilidades sociais ensinadas durante o PHSA. Nesta 11ª sessão, foi também aplicado um Questionário de Avaliação de Satisfação do Usuário, com questões sobre o atendimento recebido, satisfação com o programa, procedimentos utilizados pela facilitadora, autoavaliação sobre o preparo para emitir as habilidades componentes do PHSA e sobre o desempenho em sessão. O detalhamento dos resultados do PHSA é apresentado em Braz (2010) e em Braz, Del Prette e Del Prette (s.d.).

De modo geral, os resultados indicaram **melhoras** dos participantes nas habilidades que foram alvo do programa, com **aumento significativo** nos indicadores do IHSI-Del-Prette:

- Escore Geral de Habilidades Sociais.
- Escore em habilidades de enfrentamento e autoafirmação com risco.

- Escore em habilidades de autoafirmação na expressão de sentimento positivo.

Esses ganhos se **mantiveram quatro meses após o encerramento do PHSA**. Além dos dados quantitativos e estatísticos indicadores da efetividade do PHSA, ao longo das sessões, alguns relatos dos participantes evidenciaram **o impacto do programa** em suas vidas.

Seguem alguns exemplos que ilustram esse impacto. No início do programa, eram frequentes os relatos de conflitos entre os idosos com seus familiares. Uma das participantes, Renata[2], no início do PHSA, relatava dificuldade para se relacionar com a filha e, principalmente, para expressar seu desagrado com as atitudes desta:

> **Minha filha me falou coisas horríveis...Foi como se jogasse** água **quente em mim; muito ruim**! **Mas fazer o que, né**...**Eu fico quieta. Não falo nada para não piorar** (Renata, segunda sessão).

Após algumas sessões, ao descrever a tarefa de casa sobre solicitar mudança de comportamento, Renata relatou, satisfeita:

> **Consegui dizer que aquilo que ela** [filha da participante] **fazia me deixava triste e ela ouviu! Achei que fosse brigar comigo, mas não. Ela parou e ouviu** (Renata, nona sessão).

[2] Nomes fictícios.

Marília, que apresentava dificuldade para fazer pedidos às pessoas, relatou na última sessão:

> **Não gosto** [de fazer pedidos]**, sabe? Resolvi pedir uma coisa que eu achava impossível de ela** [outra participante do grupo] **aceitar: pedi uma muda de orquídea. Eu não sabia, mas ela cultiva várias** [orquídeas] **e me deu uma muda** [Pedir]. **Foi mais fácil do que eu imaginava**!

Outro exemplo do impacto do PHSA na vida foi o relato de Ronaldo, o único homem do grupo, que, nas sessões iniciais, raramente falava em público e tinha dificuldade de expressar seus sentimentos. No início da quarta sessão, ele relatou: **"Hoje estamos todos tristes: uma colega nossa, a Hilda, faleceu"** (Ronaldo, quarta sessão).

Quanto aos resultados obtidos por meio da **Avaliação de Satisfação do Usuário** com o programa recebido, os participantes apresentaram médias altas, próximas ao limite superior da escala, e apontaram aspectos específicos do PHSA (componentes, procedimentos, recursos, relação com a facilitadora, relação com os colegas) que foram bem aceitos por eles, o que também sugere sua validade social.

Discussão e encaminhamentos

Os resultados do PHSA reforçam a premissa de que as habilidades sociais podem ser aprendidas em qualquer etapa da vida, desde que sejam estabelecidas condições favoráveis para isso (Braz,

Del Prette, & Del Prette, s.d.). Muito embora os instrumentos legais criados pra defesa dos direitos dos idosos sejam importantes e indispensáveis em uma sociedade comprometida com o respeito a esses direitos, a sua mera existência não é condição suficiente para isso. Além de medidas políticas, entende-se que é também necessário garantir aos cidadãos as condições pessoais para lidar com as situações cotidianas em que precisam fazer valer seus direitos, por meio de diferentes estratégias.

Espera-se que estes resultados sirvam como ponto de partida para a disseminação de programas desse tipo a um número maior de idosos, e também para outras iniciativas voltadas à promoção de direitos humanos básicos e, consequentemente, à diminuição de desigualdades (de gênero, idade, condição socioeconômica, entre outras) nos grupos que atualmente se encontrem em situação de vulnerabilidade. A partir dessa experiência, é possível extrair algumas recomendações práticas para aqueles que pretendem replicar o programa de intervenção em habilidades sociais com essa população.

Lembretes ao facilitador

- O melhor horário para as sessões de programas com idosos é no período da manhã; após o almoço, a maioria pode estar sonolenta e, portanto, pouco responsiva.
- Em programas com idosos, deve modular-se a voz, articulando bem as palavras e frases, aumentando a probabilidade de ser ouvido e entendido.
- O enunciado de tarefas de casa pode ser resumido em um cartão entregue ao idoso, de modo a facilitar que ele se lembre de fazer a tarefa; isso não dispensa a consequenciação positiva para o cumprimento dela.
- Eventualmente, planejar para que os participantes desempenhem entre si a tarefa proposta como forma de reduzir a chance de deixarem de fazê-la: pode pedir-se que cada um escolha o parceiro para fazer a tarefa ou proceder a um sorteio dos pares.
- É interessante entregar, a cada sessão, uma síntese escrita sobre o PHSA, para ser guardada em um fichário: esse material pode ter função mnemônica e motivadora para o participante.
- É importante assegurar-se da existência de transporte para o comparecimento do idoso à sessão, em especial quanto ao horário de chegada/saída; algumas vezes, torna-se necessário pequeno ajuste no horário da sessão para viabilizar a participação de todos.

Referências

Abath, M. B., Leal, M. C. C., Filho, D. A. M., & Marques, A. P. O. (2010). Physical abuse of older people reported at the Institute of Forensic Medicine in Recife, Pernambuco State, Brazil. *Cadernos de Saúde Pública, 26*, 1797-1806.

Alberti, R. E, & Emmons, M. L. (1986). *Your perfect right: A guide to assertive living*. (5ª. ed. rev.). San Luis Obispo: Impact publishers.

Bower, S. A., & Bower, G. H. (1977). *Asserting yourself: A practical guide for positive change*. Nova Iorque: Addison-Wesley.

Braz, A. C. (2007). *Relacionando Habilidades Sociais, Estatuto do Idoso, reconhecimento de direitos e características sociodemográficas na Terceira Idade*. Monografia de Conclusão de Curso de Graduação em Psicologia, Universidade Federal de São Carlos, São Carlos.

Braz, A. C. (2010). *Programa de habilidades sociais assertivas com idosos: avaliação sob delineamento placebo*. Dissertação de mestrado, Programa de Pós-Graduação em Psicologia, Universidade Federal de São Carlos, São Carlos.

Braz, A. C., Del Prette, Z. A. P., & Del Prette, A. (s.d.), Assertive social-skills training for the elderly: Evaluation under a placebo design. *Psicología Conductual*, no prelo.

Caballo, V. E. (1993). *Manual de evaluación y entrenamiento de las habilidades sociales*. Madrid: Siglo Veintiuno.

Carneiro, R. S. (2008). Subsídios para a construção de um programa de treinamento de habilidades sociais adequado para a terceira idade. *Polêmica*, 7, 84-91.

Carneiro, R. S., & Falcone, E. O. (2004). Um estudo das capacidades e deficiências em habilidades sociais na terceira idade. *Psicologia em Estudo*, 9, 119-126.

Cavalcanti, M. L. T., & Souza, E. R. (2010). Percepções de gestores e profissionais de saúde sobre a atenção aos idosos vítimas de violências no município do Rio de Janeiro. *Ciência e Saúde Coletiva, 15*, 2699-2708.

Del Prette, A. (1978). O treino assertivo na formação do psicólogo. *Arquivos Brasileiros de Psicologia, 30*, 53-55.

Del Prette, A., & Del Prette, Z. A. P. (2001). *Psicologia das relações interpessoais: Vivências para o trabalho em grupo*. Petrópolis: Vozes.

Del Prette, A., & Del Prette, Z. A. P. (2003). Treinamento Assertivo: Ontem e hoje. In C. E. Costa, J. C. Luzia & H. H. N. Sant'Anna. (Orgs.), *Primeiros passos em Análise do Comportamento e Cognição* (pp. 149-160). Santo André: ESETec.

Del Prette, A., & Del Prette, Z. A. P. (2005). A importância das tarefas de casa como procedimento para a generalização e validação do treinamento de habilidades sociais. In J. H. Guilhardi & N. C. Aguirre (Orgs.), *Primeiros passos em Análise do Comportamento e Cognição* (pp. 67-74). Santo André: ESETec.

Del Prette, A., & Del Prette, Z. A. P. (2010). Programa vivencial de habilidades sociais: Características sob a perspectiva da análise do comportamento. In M. R. Garcia, P. R. Abreu, E. N. P. de Cillo, P. B. Faleiros & P. Piazzon (Orgs.), *Sobre comportamento e cognição: Terapia comportamental e cognitivas* (pp. 127-150). Santo André: ESETec.

Del Prette, Z. A. P., & Del Prette, A. (1999). *Psicologia das habilidades sociais: Terapia e educação*. Petrópolis: Vozes.

Del Prette, Z. A. P., & Del Prette, A. (2001). *Inventário de Habilidades Sociais (IHS-Del-Prette): Manual de aplicação, apuração e interpretação*. São Paulo: Casa do Psicólogo.

Del Prette, Z. A. P., & Del Prette, A. (2003). Assertividade e religiosidade, muito além de uma rima! In M. Z. S. Brandão & F. C. S. Conte (Orgs.), *Falo ou não falo: Expressando sentimentos e comunicando idéias* (pp. 141-157). Arapongas: Mecenas.

Del Prette, Z. A. P., & Del Prette, A. (2005). *Psicologia das habilidades sociais na infância: teoria e prática*. Petrópolis: Vozes.

Del Prette, Z. A. P., & Del Prette, A. (2009). Avaliação de habilidades sociais: Bases conceituais, instrumentos e procedimentos. In A. Del Prette & Z. Del Prette (Orgs.), *Psicologia das habilidades sociais: Diversidade teórica e suas implicações* (pp. 187-229). Petrópolis: Vozes.

Del Prette, Z. A. P., & Del Prette, A. (s.d.), *Inventário de Habilidades Sociais para Idosos (IHSI-Del-Prette)*: Manuscrito disponível com os autores.

Espíndola, C. R., & Blay, S. L. (2007). Prevalência de maus-tratos na terceira idade: uma revisão sistemática. *Revista de Saúde Pública, 41*, 301-306.

Falcone, E. M. O. (2000). Habilidades sociais: Para além da assertividade. In R. C. Wielenska (Org.), *Sobre comportamento e Cognição: Questionando e ampliando a teoria e as intervenções clínicas em outros contextos* (pp. 211-221). Santo André: ESETec.

Gaioli, C. C. L. O., & Rodrigues, R. A. P. R. (2008). Ocorrência de maus--tratos em idosos no domicílio. *Revista Latino-Americana de Enfermagem, 16*, 465-470.

Hargie, O., Saunders, C., & Dickson, D. (1994). *Social skills in interpersonal communication*. London: Routledge.

Jakubowski, P., & Lange, A. J. (1978). *The assertive option: Your rights and responsibilities*. Illinois: Research Press.

Kohr, M. A., Parrish, J. M., Neef, N. A., Driessen, J. R., & Hallinan, P. C. (1988). Communication skills training for parents: Experimental and social validation. *Journal of Applied Behavior Analysis, 21*, 21-30.

Lima, C. P. D. (2000). *Habilidades sociais nas relações intergeracionais*. Monografia de Conclusão de Curso, Curso de Graduação em Psicologia, Departamento de Psicologia, Universidade Federal de São Carlos, São Carlos.

Murta, S. G. (2005). Aplicações do Treinamento de Habilidades Sociais: Análise da Produção Nacional. *Psicologia: Reflexão e Crítica, 18*, 283-291.

Prado, A. R. A., & Perracini, M. R. (2007). A construção de ambientes favoráveis aos idosos. In A. L. Neri (Org.), *Qualidade de vida na velhice: Enfoque multidisciplinar* (pp. 221-229). Campinas: Alínea.

Rocha, M. M. (2009). *Programa de habilidades sociais com pais: Efeitos sobre o desempenho social e acadêmicos de filhos com TDAH*. Tese de doutorado, Programa de Pós-Graduação em Educação Especial, Universidade Federal de São Carlos, São Carlos.

Rocha, M. M., Del Prette, Z. A. P., & Del Prette, A. (2008). Placebo na pesquisa psicológica: Algumas questões conceituais, metodológicas e éticas. *Revista Brasileira de Terapias Cognitivas, 4*, 39-55.

Rodrigues, T. P., Moreira, M. A. S. P., Silva, A. O., Smith, A. A. F., Almeida, J. L. T., & Lopes, M. J. (2010). Sentidos associados à violência para idosos e profissionais. *Escola Anna Nery*, 14, 772-778.

Schraiber, L. B., D´Oliveira, A. F. P. L., & Couto, M. T. (2006). Violência e saúde: estudos recentes. *Revista de Saúde Pública, 40,* 112-120.

Shinan-Altman, S., & Cohen, M. (2009). Nursing aides' attitudes to elder abuse in nursing homes: The effect of work stressors and burnout. *The Gerontologist, 49*, 674-684.

Souza, E. R., Minayo, M. C. S (2010). Inserção do tema violência contra a pessoa idosa nas políticas públicas de atenção à saúde no Brasil. *Ciência e Saúde Coletiva, 15*, 2659-2668.

World Health Organization (2002). Abuse of the elderly. Recuperado em 20 de Janeiro de 2010, de http://www. who. int/violence_injury_prevention/violence/world_report/factsheets/en/elderabusefacts. pdf.

9

Programa de habilidades sociais educativas com mães de crianças com déficit de atenção e hiperatividade

Margarette Matesco Rocha[1]
Zilda A. P. Del Prette
Almir Del Prette

O Transtorno de Déficit de Atenção e Hiperatividade (TDAH) é considerado multifatorial, ou seja, resultante da confluência de muitos tipos diferentes de fatores de risco (genético, biológico, ambiental, psicossocial), com cada tipo tendo um efeito pequeno, mas aditivo e interativo sobre o aumento da vulnerabilidade (Biederman & Faraone, 2005). O TDAH é um transtorno que afeta entre 3 e 7% das crianças em idade escolar (Manual Diagnóstico e Estatístico de Transtornos Mentais [DSM-IV-TR], 2002) e caracteriza-se por comportamentos que orientam o diagnóstico, essencialmente clínico, em termos de três tipos prevalentes: desatento, hiperativo/impulsivo e desatento e hiperativo/impulsivo (combinado).

---

[1] Este capítulo apresenta o programa de intervenção analisado na tese de doutorado da primeira autora, realizada no Programa de Pós-Graduação em Educação Especial da UFSCar, sob a orientação da segunda autora, e teve a contribuição do terceiro autor

Os sintomas do TDAH são geralmente associados a diversas **dificuldades**:

- **acadêmicas**: dificuldade em completar tarefas na escola e em casa; desempenho inferior aos colegas nas avaliações escolares; reprovações de série e expulsões (Rohde *et al.*, 1999).
- **emocionais**: autoestima, autoconceito e autoconfiança abaixo da média de seus pares (Wehmeier, Schacht & Barkley, 2010).
- **sociais**: rejeição por pares; dificuldades em fazer e manter amigos; conflitos familiares e isolamento social (Hoza *et al.*, 2005).

Habilidades sociais e TDAH

Com relação aos prejuízos ou às dificuldades de interações sociais, a revisão realizada por Wehmeier, Schacht e Barkley (2010) aponta que crianças com TDAH apresentam **comprometimento nas interações familiares**, o que as torna mais estressantes, conflituosas e hostis quando comparadas às famílias de crianças sem o transtorno. Nas **interações com os pares**, diversas classes de respostas, como hostilidade, expressão de raiva e reação inadequada à frustração, pouca empatia e demonstração de sentimentos de culpa, aumentam a rejeição dessas crianças por seus pares. Esse padrão aumenta a **rejeição**, ocasionando, em curto prazo, o **isolamento social** e a **baixa autoestima** (Wehmeier, Schacht, & Barkley, 2010) e aumentando a probabilidade de abuso de substâncias, abandono da escola, comportamentos delinquentes e distúrbios de conduta (Gentschel & McLaughlin, 2000).

As relações sociais positivas na infância constituem um fator crítico para o desenvolvimento saudável, com efeito protetor ao longo da sua vida (Del Prette & Del Prette, 2005; Gresham, 2009); daí a **importância das habilidades sociais** na infância. Del Prette e Del Prette (2005) referem como essenciais na infância um conjunto amplo de habilidades que são agrupadas em torno das seguintes classes: autocontrole e expressividade emocional; empatia; civilidade; assertividade; fazer amizades; habilidades sociais acadêmicas e solução de problemas interpessoais. A maioria dessas habilidades apresenta-se bastante deficitária em crianças com o diagnóstico de TDAH (Barbosa, Barbosa, & Amorim, 2005; Hoza *et al.*, 2005; Rocha, 2009).

O desenvolvimento de habilidades sociais não é tarefa fácil para crianças com TDAH. Alguns autores (por exemplo, Hoza, 2007) entendem que não há ainda um método de tratamento capaz de ajustar essas crianças aos padrões de referência em termos de funcionamento social. Phelan (2005) afirma que os **déficits em habilidades sociais são um dos aspectos mais resistentes à mudança no quadro de TDAH**. Para o autor, durante o período de atendimento, essas crianças conseguem definir as habilidades, descrever alternativas comportamentais, interpretar papéis, mas encontram dificuldade para generalizar as novas habilidades aprendidas, do contexto terapêutico para a vida cotidiana.

Apesar da evidente necessidade da participação dos pais na promoção do repertório de comportamentos desejáveis de seus filhos, estudos revelam que mães de crianças com TDAH apresentam inúmeras dificuldades para isso. Parte dessas dificuldades é evidenciada pela utilização de **estratégias coercitivas** para controle do comportamento dos filhos (Kunrath, Wagner, & Jou, 2006) e pelo isolamento social (McLaughlin & Harrison, 2006; Adesida & Foreman, 1999), o que afeta negativamente tanto a interação com o filho quanto as ações educativas junto a ele.

Programa de THS-Educativas com mães de crianças com TDAH

Na promoção das habilidades sociais de seus filhos, os pais geralmente precisam ser assessorados em um conjunto de ações educativas requeridas para identificar e manter-lhes os comportamentos desejáveis, e também em estratégias eficazes para ensinar os comportamentos relevantes. Esse conjunto de habilidades envolvidas na atuação educativa é definido como:

> **Habilidades Sociais Educativas (HSE)**, ou seja, habilidades que têm a função de promover o desenvolvimento e a aprendizagem do outro, em situação formal ou informal.
>
> A. Del Prette e Del Prette (2001)

Em 2008, Z. Del Prette e Del Prette organizaram as classes e subclasses de Habilidades Sociais Educativas (HSE) em um sistema aberto, destacando o provável impacto positivo da presença (e negativo da ausência) desse repertório para a consecução dos objetivos dos agentes educativos (pais e professores, principalmente). Segue, em destaque, a relação das quatro classes e 32 subclasses do sistema.

Sistema de habilidades sociais educativas (Del Prette & Del Prette, 2008)	
Estabelecer contextos interativos potencialmente educativos 1. Arranjar ambiente físico 2. Organizar materiais 3. Alterar distância/proximidade 4. Mediar interações.	**Estabelecer limites e disciplina** 16. Descrever/analisar comportamentos desejáveis 17. Descrever/analisar comportamentos indesejáveis 18. Negociar regras 19. Chamar atenção para normas preestabelecidas. 20. Pedir mudança de comportamento 21. Interromper comportamento
Transmitir ou expor conteúdos sobre habilidades sociais 5. Fazer perguntas de sondagem ou desafio 6. Parafrasear 7. Apresentar objetivos 8. Estabelecer relações entre comportamento, antecedente e consequência. 9. Apresentar informação 10. Apresentar modelo 11. Resumir comportamentos emitidos 12. Explorar recursos lúdico-educativos 13. Apresentar instruções 14. Apresentar dicas 15. Utilizar atividade ou verbalização em curso para introduzir um tema	**Monitorar positivamente** 22. Manifestar atenção a relato 23. Solicitar informações 24. Expressar concordância 25. Apresentar *feedback* positivo 26. Elogiar 27. Incentivar 28. Demonstrar empatia 29. Remover evento aversivo 30. Estabelece sequência de atividade (Princípio de Premack) 31. Expressar discordância/reprovação 32. Promover a autoavaliação

No Brasil, diversos estudos foram desenvolvidos para testar a efetividade de Programas de Habilidades Sociais Educativas (PHSE), aplicado a pais de crianças sem queixas clínicas (Silva, Del Prette, & Del Prette, 2000), com deficiência visual (Freitas, 2005), bem como a crianças com problemas de comportamento (Pinheiro, Haase, Del Prette, Amarante, & Del Prette, 2006) e queixas escolares (Barros, 2008). Em todos esses estudos, foi utilizado o **modelo triádico** de intervenção (Del Prette & Del Prette, 2009): atendimento realizado com os pais, mas avaliando seus efeitos diretos sobre os comportamentos dos pais e indiretos sobre os comportamentos dos filhos. Os resultados vêm mostrando que a promoção das habilidades sociais educativas dos pais tem gerado grandes efeitos positivos sobre os padrões de comportamento social adequado dos filhos e sobre as interações entre pais e filhos, entre outros ganhos.

Para o ensino dessas habilidades, A. Del Prette e Del Prette (2008) sugerem que o programa de intervenção não deve basear-se somente em componentes informativos, mas aplicar técnicas e procedimentos sob uma estrutura **vivencial**.

> **Vivência** é uma atividade, estruturada de modo análogo ou simbólico a situações cotidianas de interação social dos participantes, que mobiliza sentimentos, pensamentos e ações, com o objetivo de suprir déficits e maximizar habilidades sociais em programas de THS em grupo.
>
> Del Prette e Del Prette (2006)

O uso de estratégias informativas visa a promover comportamentos que são ou podem ser controlados por estímulos verbais especificadores de contingências, ou seja, promover comportamentos governados por regras. Conforme Skinner (1980), a relevância desse tipo de conhecimento se baseia no fato de que as relações funcionais informadas podem ser úteis em favorecer aquisições mais rápidas de comportamentos apropriados, acelerando, em muitos casos, a aquisição de um comportamento terminal eficaz.

Por outro lado, a utilização isolada de componentes apenas informativos em programas de habilidades sociais pode apresentar alguns limites, pois a topografia de um **comportamento sob controle de regras** nunca será idêntica ao **comportamento modelado pelas contingências** (Skinner, 1980). Isso ocorre porque, na maioria das vezes, as regras jamais especificam completamente as contingências estabelecidas pela comunidade verbal no ambiente natural. Além disso, o conhecimento decorrente da exposição direta às contingências de reforçamento é mais efetivamente mantido do que o conhecimento por descrição ou regras (Skinner, 1980, 1993), possibilitando o contato com a complexidade e com os motivos ou emoções proporcionados pela própria situação (Abib, 1997).

Sem desconsiderar a pertinência de conteúdos informativos como componentes de programas de habilidades sociais, **defende-se que o uso de vivências**, por requerem o desempenho de comportamentos em sessão, constitui o componente principal desse processo. Nesse sentido, Del Prette e Del Prette (2006) argumentam que as vivências permitem moldar e fortalecer desempenhos específicos dos participantes e identificar suas dificuldades e recursos, viabilizando a redefinição dos objetivos gerais para o grupo ou para algum participante em especial. Além disso, estabelecem ocasião para um contexto particularmente propício ao uso de outros procedimentos como, por exemplo, modelação, modelagem, ensaio comportamental, *role-playing* dentre outros (Del Prette & Del Prette, 2006).

O **programa triádico, informativo-vivencial**, apresentado a seguir, foi testado sob um delineamento experimental de grupo (Rocha, 2009), com resultados que permitem afirmar sua efetividade na promoção de habilidades sociais educativas dos pais de crianças TDAH. O impacto dessas aquisições sugere tratar-se de uma alternativa viável para a capacitação dos pais no manejo de comportamentos de seus filhos em diversos contextos e problemas.

Caracterização dos Participantes

Participaram da pesquisa dezesseis mães de crianças com diagnóstico de TDAH. A faixa etária da maioria das mães (N=16) situa-se entre trinta e 39 anos (62,5%), com concentração de escolaridade na faixa do ensino fundamental (62,5%) e classificação socioeconômica média com prevalência nas faixas B2 (37,5%) e C1 (50,0%). A maioria das crianças (75%), de ambos os grupos, tinha na época do atendimento entre onze e doze anos de idade, estavam cursando a quinta série (62,5%), em escolas públicas (75%) e faziam uso contínuo de medicamento específico para o TDAH. As características das crianças (idade, diagnóstico e uso de medicação para o TDAH) foram utilizadas como critério de inclusão da mãe na pesquisa. Participaram também, como informantes, os professores das crianças do ensino regular. A intervenção foi realizada em uma clínica-escola de uma universidade pública de cidade com aproximadamente 500 mil habitantes.

Procedimento e etapas

Os procedimentos foram organizados em várias etapas e módulos, conforme resumidos no fluxograma a seguir e especificadas na sequência.

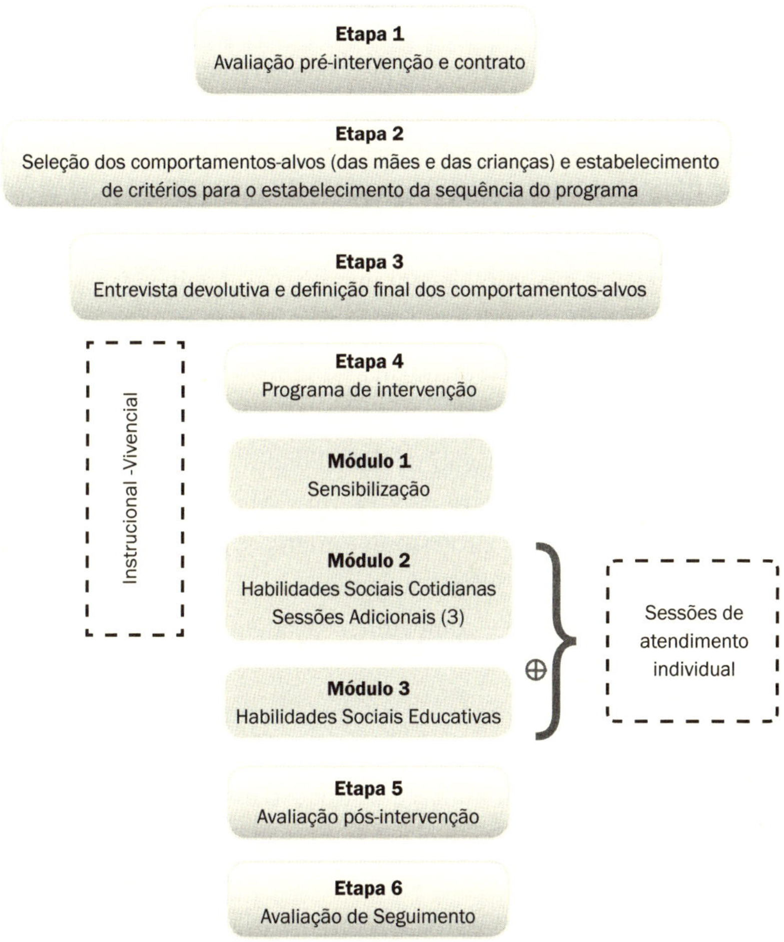

Figura 1.
Fluxograma das etapas do programa de habilidades sociais com as mães.

Etapa 1 - Avaliação de pré-intervenção

Na etapa inicial, o repertório de comportamento das mães foi avaliado por meio dos instrumentos:

- IHS-Del-Prette (Del Prette & Del Prette, 2001) para avaliação das habilidades sociais cotidianas;
- Questionário para levantamento das habilidades sociais educativas (QHSE);
- Filmagem da interação mãe-criança para avaliação das HSE;
- Sistema de Avaliação de Habilidades Sociais (SSRS-BR, Bandeira, Del Prette, Del Prette e Magalhães, 2009), nas versões para pais, professores e crianças, para o levantamento do repertório inicial de habilidades sociais, problemas de comportamento e competência acadêmica.

Para as filmagens, cada díade (mãe-criança) participou de uma sessão de quarenta minutos composta de oportunidades para brincadeiras livres e orientadas em situação estruturada (clínica). Nessa etapa de avaliação, cada mãe foi solicitada a responder a inventários sobre suas habilidades sociais (IHS-Del-Prette, Del Prette & Del Prette, 2001) e educativas (IHSE, Rocha, 2009), bem como sobre as habilidades sociais e problemas de comportamento dos filhos (SSRS-BR, Bandeira, Del Prette, Del Prette, & Magalhães, 2009). Além disso, foram realizadas filmagens de interações educativas estruturadas entre cada mãe e seu filho, de modo a se observarem diretamente suas habilidades e dificuldades para isso.

Etapa 2 - Escolha dos comportamentos-alvos e sequência do programa

A avaliação inicial permitiu identificar as dificuldades e os recursos específicos das mães e dos filhos, o que foi tomado como base para o estabelecimento dos objetivos de cada um dos módulos do programa. Esse planejamento foi organizado de modo a atender tanto às necessidades individuais de cada mãe como às necessidades comuns a todas elas.

A sequência dos objetivos de cada módulo baseou-se nos critérios de **complexidade** (de menos para mais complexos) e de **valor funcional** (iniciar com os mais críticos e funcionais), conforme recomendação de A. Del Prette e Del Prette (2001).

Com relação às dificuldades das **mães**:

- **Módulo 1 (Sensibilização das mães).** Foram definidos, como objetivos ou comportamentos-alvo, a ampliação de informações sobre desenvolvimento e determinantes do comportamento infantil e do TDAH.
- **Módulo 2 (Habilidades Sociais).** Foram definidas as habilidades relatadas pelas mães como menos frequentes, porém importantes para o dia a dia delas, como as de **Comunicação, Asserção e Civilidade.**
- **Modulo 3 (Habilidades Sociais Educativas).** Verificou-se a necessidade de habilidades específicas: apresentar *feedback* positivo; elogiar e incentivar; demonstrar empatia; manifestar atenção ao relato; obter informações;

expressar discordância/reprovação e expressar concordância; promover autoavaliação; arranjar ambiente físico; alterar distância/proximidade; organizar materiais; mediar interações, descrever/justificar comportamentos desejáveis e indesejáveis, negociar regras; chamar atenção para normas preestabelecidas; pedir mudança de comportamento; apresentar instruções e dicas; parafrasear; resumir comportamentos emitidos e apresentar modelo.

Com relação às dificuldades das **crianças:**

- Foram escolhidos os comportamentos avaliados pelas mães como menos frequentes em seus filhos e considerados por elas como mais importantes. Assim, foram selecionados os comportamentos sociais que integram as habilidades de **Cooperação, Civilidade e Asserção Positiva.**

Etapa 3 - Entrevista devolutiva e definição final dos comportamentos-alvos

A entrevista de devolução foi realizada individualmente com cada mãe. Nessa etapa, foram explicados e submetidos à apreciação das mães os objetivos do programa, com base na avaliação anterior. Nesse momento, detectou-se o interesse delas em substituir a classe de Asserção Positiva pela de Autocontrole. Essa questão foi retomada na primeira sessão de grupo que confirmou o interesse das mães nessa substituição e determinou a escolha final das habilidades infantis a serem treinadas.

Etapa 4 - Os módulos de intervenção

A elaboração do programa foi baseada nas recomendações de Del Prette e Del Prette (1999), relativa a se iniciar o programa com o treinamento das habilidades sociais menos complexas, mas com valor social ou funcional para aquele grupo, e seguindo a estrutura geral proposta por Freitas (2005), que incluía o treinamento das habilidades sociais e educativas. No entanto, considerando os dados coletados com as mães, foram efetuadas adaptações para atender às suas características e necessidades, como a mudança na sequência de temas e os acréscimos de sessões.

O programa foi composto por **31 sessões em grupo**, com atendimentos semanais de noventa minutos cada encontro e, também, por **doze sessões individuais adicionais** (sessenta minutos cada), cuja necessidade foi detectada no decorrer do programa ou atendendo à solicitação das participantes. De maneira geral, os atendimentos individuais tiveram por objetivo proceder à modelagem de habilidades específicas e esclarecer e aprimorar as habilidades recomendadas na tarefa de casa.

O programa foi dividido em três módulos: (1) **Sensibilização**; (2) **Habilidades Sociais Cotidianas** e (3) **Habilidades Sociais Educativas.** Após o término do segundo módulo, e concomitantemente com o terceiro, por solicitação das mães, foram realizadas três **sessões adicionais** para auxiliá-las na superação de dificuldades relacionadas a monitorar as tarefas de casa das crianças e a ensinar os filhos a lidar com provocação de colegas. A Tabela 2 apresenta uma síntese dos temas/habilidades abordados no decorrer dos atendimentos em grupo, e também as principais estratégias em cada fase do programa.

Tabela 2.
Habilidades sociais e estratégias componentes de cada módulo da intervenção.

Fases	Temas/Habilidades	Estratégias Gerais
Módulo 1 Sensibilização (oito sessões)	Importâncias das Habilidades Sociais Educativas na interação com os filhos. TDAH (conceito, tipos, etiologia e prognóstico). Causas do comportamento (Princípios de Aprendizagem).	Contrato e apresentação das normas e funcionamento do programa. Exposição oral sobre cada tema. Material de apoio (apostilas) sobre HSE e princípios de aprendizagem. Vivências – "Perguntas sem resposta" (Del Prette & Del Prette, 2001). Filme comercial: **Bob esponja e a calça rasgada**; Filme (entrevista) sobre TDAH.
Módulo 2 Habilidades Sociais Cotidianas (cinco sessões)	**Habilidades de Comunicação** (elogiar, agradecer elogios e fazer e responder perguntas). **Habilidades de Civilidade** (apresentar-se; cumprimentar desconhecidos). **Habilidades Assertivas** (fazer, recusar e aceitar pedidos; interagir com autoridades; lidar com críticas e chacotas).	Exposição oral sobre cada classe de habilidades; Vivências – "História coletiva oral", "Complemento indispensável", "Peça o que quiser", "Misto quente" (Del Prete & Del Prette, 2001) e "Fazendo pedido ao prefeito" (Del Prette & Del Prette, 2005).

Sessões adicionais (três sessões.)	Copiar tarefa de casa. Realizar a tarefa de casa. Reagir adequadamente às provocações de colegas.	Contrato de contingências. Estratégias para auxiliar na organização do material escolar e na realização das tarefas escolares. Apresentação de estratégias e passos necessários para enfrentamento às provocações.
Módulo 3 Habilidades Sociais Educativas (quinze sessões)	**Monitorar Positivamente** (*feedback* positivo – elogio e incentivo; manifestar atenção ao relato; demonstrar empatia; expressar discordância/reprovação e concordância; promover autoavaliação). **Estabelecer Contexto Educativo** (arranjar ambiente físico; alterar distância/ proximidade; organizar Materiais; mediar interações). **Estabelecer Limites e Disciplina:** (descrever/ justificar comportamentos desejáveis e indesejáveis; negociar regras e chamar atenção para normas preestabelecidas; pedir mudança de comportamento). **Transmitir e Expor Conteúdos de Habilidades Sociais**: (apresentar instruções e dicas; parafrasear; resumir comportamentos emitidos; apresentar modelo).	Exposição oral sobre cada classe de habilidades. Exemplos de situações de interação mãe e filho (elaborados pela pesquisadora ou levantados na própria sessão junto às mães) e posterior exercício de análise funcional da situação; Treinanemento (*Role-playing* ou ensaio comportamental) com alternativas comportamentais para a situação exemplificada. Vivências: "Reconhecendo e comunicando emoções"; "Vivendo o papel do outro"; "Corredor brasileiro" (A. Del Prette & Z. Del Prette, 2001).

Como se vê, os módulos de intervenção articularam procedimentos instrucionais e vivenciais. Ao final de cada sessão, era atribuída às mães uma tarefa de casa. As mães eram orientadas a praticá-las junto aos filhos para promover habilidades de **Cooperação, Civilidade** e **Autocontrole**, que foram avaliadas por elas como as mais deficitárias na etapa de pré-intervenção. Para desenvolver essas habilidades das crianças e, adicionalmente, estabelecer uma oportunidade para as mães praticarem a habilidade aprendida nas sessões, as tarefas foram elaboradas de modo a conciliar simultaneamente esses dois objetivos.

Exemplo de tarefa de casa

HSE: selecionar e organizar materiais para o filho brincar com amigos em casa.

Habilidades intermediárias: incentivar o filho a convidar amigos para brincar em casa; sugerir ao filho e aos amigos o uso de materiais discutidos na sessão (por exemplo, *videogame*, jogos no computador) e elogiar as respostas de **Cooperação e Civilidade** do filho e dos amigos.

Além de orientar as mães em como proceder nas tarefas de casa, procedimentos adicionais envolvendo essas tarefas foram estabelecidos visando a facilitar a generalização dos comportamentos. Por exemplo:

- comentar com alguém (marido, vizinha, mãe) sobre a habilidade focalizada no programa e o que foi aprendido;
- praticar de duas a três vezes por semana a habilidade aprendida na sessão, procurando treiná-la em diferentes contextos e com diferentes interlocutores.

Etapas 5 e 6: Avaliação pós-intervenção e de seguimento

Para essas duas etapas, foram utilizados os mesmos instrumentos e procedimentos descritos na avaliação pré-intervenção. As avaliações de seguimento ocorreram quatro meses após o término do programa. Nessa etapa, participaram apenas as mães do GE, uma vez que o objetivo era avaliar a generalização de contexto e a duração temporal (manutenção) dos ganhos advindos com a participação no programa.

Estrutura de cada sessão do programa

Em todas as fases e módulos do programa, as sessões foram organizadas em uma sequência similar à utilizada por Freitas (2005), visando a sinalizar aos participantes os objetivos e as atividades previstos, conforme fluxograma apresentado a seguir.

Aquecimento	O que sei e o que faço	Para fazer diferente	Para continuar fazendo	Para lembrar
Obter relatos de problemas e conquistas durante a semana (tarefa de casa).	Observar e analisar desempenhos cotidianos das mães nas interações com os filhos.	Aplicar procedimentos de treinamento da habilidade proposta para a sessão.	Atribuir tarefa de casa e passos para sua execução.	Avaliar a sessão e resumir seus principais pontos.

Figura 2.
Fluxograma das atividades e procedimentos de cada sessão.

Resultados

Os resultados mostraram ganhos significativamente maiores do grupo que passou pela intervenção (GE), em comparação aos ganhos do grupo que não passou pela intervenção (GC)[2], o que evidenciou suas validades interna (efetividade do programa na consecução dos objetivos) e externa (impacto na qualidade das relações familiares e no desenvolvimento socioemocional dos filhos). Além das mudanças na direção desejada, foi possível verificar também a manutenção delas na fase de seguimento. Uma avaliação detalhada dos efeitos do programa pode ser encontrada em Rocha (2009).

Em relação ao impacto direto do programa sobre os comportamentos das mães, podem ser destacados:

- ganhos das mães nas **habilidades sociais gerais (Comunicação, Civilidade e Assertividade),** que foram alvos diretos da intervenção, e ganhos adicionais na habilidade de **Expressão de Sentimentos Positivos,** que não foi alvo direto da intervenção;
- ganhos das mães em **habilidades sociais educativas**: as mães do GE tornaram-se mais responsivas aos comportamentos adequados da criança do que aos inadequados (conforme ensinado) e apresentaram melhor desempenho em comportamentos que favoreciam ou incentivavam as interações sociais dos filhos; além disso, elas se tornaram mais competentes nos comportamentos de **Negociar**

[2] O GC foi atendido em etapa subsequente a este estudo, com o mesmo programa aplicado ao GE.

regras, Apresentar instruções, Modelos, Promover autoavaliação e Elogiar.

Em relação aos impactos indiretos do programa sobre os comportamentos dos filhos (mediados pelas aquisições das mães), foram verificados:

- no contexto familiar, ganhos expressivos em comportamentos sociais das classes de **Cooperação, Civilidade** e **Autocontrole**, que foram alvos diretos de intervenção pelas mães;
- no contexto escolar, melhoras significativas nas **habilidades sociais** das classes de **Asserção,** e, na avaliação das próprias crianças, em comportamentos de **Assertividade, Civilidade e Expressão de sentimentos positivos**. Além disso, verificou-se **redução dos problemas de comportamentos** externalizantes e internalizantes das crianças do GE.

Considerações Finais

Os resultados obtidos mostraram que um repertório elaborado de habilidades sociais dos pais pode ter efeitos positivos sobre a promoção de comportamentos socialmente adequados dos filhos, como já identificado na literatura (Del Prette & Del Prette, 2009; Gray, Spurway & McClatchey, 2001). Considerando especificamente o TDAH, os resultados confirmam a **importância da participação dos pais** para o desenvolvimento das habilidades sociais de crianças com esse diagnóstico (Frankel *et al.*, 1997; Pfiffner & McBurnett, 1997). Por outro lado, os efeitos mais robustos sobre os comportamentos que foram alvos diretos de intervenção mostram que as condições do programa foram efetivas (Hoerger & Mace, 2006; Neef *et al.*, 2005), mas também que há necessidade de investir em cada uma das subclasses de habilidades sociais críticas, no caso de crianças com TDAH. Em outras palavras, os resultados não autorizam racionalizar o atendimento em torno de algumas classes específicas de habilidades, supondo generalização para as demais, pelo menos no caso dessas crianças.

Essa constatação aponta para um dos **desafios** a ser enfrentado por profissionais que atendem pais de crianças com TDAH: otimizar os programas em termos duração, garantia de adesão e menor custo, de modo a viabilizar sua aplicação mais generalizada em instituições públicas de atendimento. Assim, ainda que o estabelecimento da eficácia do modelo geral constitua uma primeira e importante etapa, não se podem dispensar pesquisas adicionais, por exemplo, com grupos placebo fragmentados (Rocha, Del Prette, & Del Prette, 2008), que permitam identificar os componentes críticos do programa e buscar novos formatos para organização dos objetivos e procedimentos potencialmente mais efetivos.

No programa aqui relatado, a utilização combinada de **estratégias instrucionais e vivenciais** foi bastante valorizada pelas mães, fornecendo evidências de que funciona para aumentar ou facilitar o desempenho, no ambiente familiar, das habilidades sociais aprendidas em sessão. Além disso, os resultados obtidos para a classe de **Conversação e Desenvoltura Social** (Habilidades Sociais Cotidianas), baseados em instruções para o grupo como um todo e treinamento vivencial para as mães com indicativos mais acentuados de necessidade, mostrou que somente estas apresentaram mudanças significativas. Em outras palavras, a instrução para o grupo todo e a observação das mães sob treinamento não foram condições suficientes para promoverem mudanças no repertório das demais mães.

Adicionalmente, cabe destacar que, nos módulos de habilidades sociais (cotidianas e educativas) das sessões iniciais, quando as mães eram solicitadas a desempenhar as habilidades logo após as instruções, elas não apresentavam os componentes não verbais e paralinguísticos requeridos em um desempenho socialmente competente (A. Del Prette & Z. Del Prette, 2001). Essa constatação mostrou a **relevância da avaliação e treinamento direto dentro da sessão, por meio de vivências**, permitindo a modelação e modelagem de comportamentos não verbais e paralinguísticos, em contraposição ao uso isolado de instruções.

Um componente adicional importante deste programa deve também ser destacado. Trata-se dos atendimentos por meio de **sessões individuais**, paralelamente ao Módulo 2 da intervenção, os quais permitiram identificar necessidades específicas de algumas mães em determinadas habilidades, bem como seus recursos e velocidade de aprendizagem (Del Prette & Del Prette, 1999). Além do atendimento direto a essas dificuldades, as informações coletadas por meio dessa estratégia permitiram **ajustes nas condições de interação com as mães** no contexto grupal, de modo a garantir melhor aprendizagem de todas as participantes.

Os resultados apresentados mostraram que o **impacto positivo do programa nas diferentes medidas**, não obstante menos robustos do que se desejaria, podem ser vistos como direção importante de intervenção, e que é possível focalizar exclusivamente o atendimento às mães com vistas ao desenvolvimento dos comportamentos sociais dos seus filhos com TDAH. Esse parece, portanto, um caminho promissor para a redução dos problemas de comportamento, acadêmicos e de déficits em habilidades sociais, com efeitos benéficos para as crianças. Como argumentado por Kern *et al.* (2007), o fato de programas para pais favorecerem a redução significativa de problemas socioemocionais e acadêmicos aponta para a possibilidade de intervenções voltadas para a redução das condições de risco dessas crianças em longo prazo.

Características do PHSE com mães de crianças com TDAH

- Seleção de objetivos de intervenção com base em cuidadosa avaliação prévia do repertório das mães e das crianças, articulada a levantamento de interesses e expectativas das mães (Del Prette & Del Prette, 2005).
- Atendimento em grupo permite que os pais compartilhem problemas e soluções na educação dos filhos e amplia as oportunidades de aprendizagem por observação dos demais (Del Prette & Del Prette, 2001; Silva *et al.*, 2000).
- Uso de estratégias vivenciais para o ensino de habilidades sociais educativas das mães, como base para a aquisição e generalização dessas habilidades ao contexto familiar, em sua interação com os filhos (Del Prette & Del Prette, 2001; 2005).
- Módulo informativo inicial sobre TDAH (associado à sensibilização), como ponto de partida para o manejo e o tratamento dessas crianças (Ghanizadeh, 2007).

- Organização da sequência de módulos e sessões, com seus respectivos objetivos, sinalizando aos participantes as metas a serem gradualmente atingidas (Freitas, 2005).
- Atendimentos individuais paralelos que possibilitam modelagem de habilidades sociais específicas e adaptação de procedimentos e instrução de acordo com os recursos de cada participante (Del Prette & Del Prette, 1999).
- Monitoramente contínuo da funcionalidade dos comportamentos parentais e infantis (contingências responsáveis pelo desenvolvimento e pela manutenção dos comportamentos) para selecionar estratégias de controle e a manejo das condições ambientais pelos pais (Northup & Gulley, 2001).

Referências

Abib, J. A. Damásio (1997). *Teorias do comportamento e subjetividade na psicologia*. São Carlos: EDUFSCar.

Adesida, O., & Foreman, D. (1999). A support group for parents of children with hyperkinetic disorder: an empowerment model. *Clinical Child Psychology and Psychiatry, 4* (4), 567-578.

Bandeira, M., Del Prette, Z. A. P., Del Prette, A., & Magalhães, T. (2009). Validação das Escalas de habilidades sociais, comportamentos problemáticos e competência acadêmica (SSRS-BR) para o Ensino Fundamental. *Psicologia: Teoria e Pesquisa, 25*(2), 271-282.

Barbosa, A. A. G., Barbosa, G. A., & Amorim, G. G. (2005). *Hiperatividade: Conhecendo sua realidade*. São Paulo: Casa do Psicólogo.

Barros, S. K. S. N. (2008). *Treinamento de habilidades sociais educativas para pais de crianças com dificuldades de aprendizagem*. Dissertação de mestrado, Programa de Pós-graduação em Educação Especial, Universidade Federal de São Carlos, São Carlos.

Biederman, J., & Faraone, S. V. (2005). Attention-deficit hyperactivity disorder. *Lancet, 366*, 237-248.

Del Prette, A., & Del Prette, Z. A. P. (2001). *Psicologia das relações interpessoais: Vivências para um trabalho em grupo*. Petrópolis: Vozes.

Del Prette, A., & Del Prette, Z. A. P. (2008). Pais e professores contribuindo para o processo de inclusão: Que habilidades sociais educativas devem apresentar? In E. G. Mendes, M. A. Almeida & M. C. P. I. Hayashi (Orgs.), *Temas em Educação Especial: conhecimentos para fundamentar a prática* (pp. 239-256). Araraquara: Junqueira & Marin.

Del Prette, A., & Del Prette, Z. A. P. (2009). Adolescência e fatores de risco: A importância das habilidades sociais educativas. In V. G. Haase, F. O. Ferreira & F. J. Penna (Orgs.), *Aspectos biopsicossociais da saúde na infância e adolescência* (pp. 503-522). Belo Horizonte: Coopmed.

Del Prette, Z. A. P., & Del Prette, A. (1999). *Psicologia das habilidades sociais: Terapia e educação*. Petrópolis: Vozes.

Del Prette, Z. A. P., & Del Prette, A. (2001). *Inventário de Habilidades Sociais (IHS-Del-Prette): Manual de aplicação, apuração e interpretação*. São Paulo: Casa do Psicólogo.

Del Prette, Z. A. P., & Del Prette, A. (2005). Psicologia *das habilidades sociais na infância: Teoria e Prática*. Petrópolis: Vozes.

Del Prette, Z. A. P., & Del Prette, A. (2006). Avaliação muldimodal de habilidades sociais em crianças: Procedimentos, instrumentos e indicadores. In M. Bandeira, Z. Del Prette & A. Del Prette (Orgs.), *Estudos sobre habilidades sociais e relacionamento interpessoal* (pp. 47-68). São Paulo: Casa do Psicólogo.

Del Prette, Z. A. P., & Del Prette, A. (2008). Um sistema de categorias de habilidades sociais educativas. *Paidéia: Cadernos de Psicologia e Educação, 18*(41), 517-530.

Del Prette, Z. A. P., & Del Prette, A. (s.d.). *SSRS-BR: Manual de aplicação, apuração e interpretação.* Texto não publicado.

Frankel, F., Myatt, R., Cantwell, D. P., & Feinberg, D. T. (1997). Parent-assisted transfer of children's social skills training: Effects on children with and without attention deficit hyperactivity disorder. *Journal of the American Academy of Child and Adolescent Psychiatry*, *36*(8), 1056-1064.

Freitas, M. G. (2005). *Desenvolvimento e avaliação de um programa de habilidades sociais com mães de crianças deficientes visuais*. Tese de Doutoramento, Programa de Pós-Graduação em Educação Especial, Universidade Federal de São Carlos, São Carlos.

Gentschel, D. A., & McLaughlin, T. F. (2000). Attention deficit hyperactivity disorder as a social disability: Characteristics and suggested methods for treatment. *Journal of Developmental and Physical Disabilities, 12* (4), 333-348.

Ghanizadeh, A. (2007). Educating and counseling of parents of children with attention-deficit hyperactivity disorder. *Patient Education and Counseling,* 68, 23-28.

Gray J., Spurway P., & McClatchey, M. (2001). Lay therapy intervention with families at risk for parenting difficulties: the Kempe Community Program. *Child Abuse & Neglect*, *25*, 641-655.

Gresham, F. M. (2009). Análise do comportamento aplicada às habilidades sociais. In Z. Del Prette & A. Del Prette (Orgs). *Psicologia das Habilidades Sociais: Diversidade teórica e suas implicações* (pp. 17-66). Petrópolis: Vozes.

Hoerger, M., & Mace, F. C. (2006). A computerized test of self-control predicts classroom behavior. *Journal of Applied Behavior Analysis, 39*(2), 147-159.

Hoza, B. (2007). Peer functioning in children with ADHD. *Ambulatory Pediatrics, 7*(S1), 101-106.

Hoza, B., Mrug, S., Gerdes, A. C., Hinshaw, S. P., Bukowski, W. M., Gold, J. A. *et al.* (2005). What aspects of peer relationships are impaired in children with attention-deficit/hyperactivity disorder? *Journal of Consulting and Clinical Psychology, 73*(3), 411-423.

Kern, L., DuPaul, G. J., Volpe, R. J., Sokol, N. G., Lutz, J. G., Arbolino. L. A., *et al.* (2007). Multisetting assessment-based intervention for young children at risk for attention deficit hyperactivity disorder: Initial effects on academic and behavioral functioning. *School Psychology Review, 36* (2), 237-255.

Kunrath, L. H., Wagner, A., & Jou, G. Y. (2006). A educação dos filhos com transtorno de déficit de atenção e hiperatividade: O que fazer? *Psicologia em Revista, 12*(20), 235-250.

Manual Diagnóstico e Estatístico de Transtornos Mentais (DSM-IV-TR). (2002). São Paulo: Artmed.

McLaughlin, D. P., & Harrison, C. A. (2006). Parenting practices of mothers of children with ADHD: The role of maternal and child factors. *Child and Adolescent Mental Health, 11* (2), 82-88.

Neef, N. A., Marckel, J., Ferreri, S. J., Bicard, D. F., Endo, S., Aman, M. G., *et al.* (2005). Behavioral assessment of impulsivity: a comparison of children with and without attention deficit hyperactivity disorder. *Journal of Applied Behavior Analysis, 38*(1), 23-37.

Northup, J., & Gulley, V. (2001). Some contributions of functional analysis to the assessment of behaviors associated with attention deficit hyperactivity disorder and the effects of stimulant medication. *School Psychology Review, 30* (2), 227-238.

Pfiffner L. J., & Mcburnett K. (1997). Social skills training with parent generalization: treatment effects for children with attention deficit disorder. *Journal of Consulting Clinical Psychology, 65*(5), 749-757.

Phelan, T. W. (2005). *Transtorno de Déficit de Atenção e hiperatividade: Sintomas, diagnósticos e tratamentos – crianças e adultos*. São Paulo: M. Books.

Pinheiro, M. I. S., Haase, V. G., Del Prette, A., Amarante, C. L. D., & Del Prette, Z. A. P. (2006). Treinamento de habilidades sociais educativas para pais de crianças com problemas de comportamento. *Psicologia: Reflexão e Crítica, 19*(3), 407-414.

Rocha, M. M. (2009). *Programa de Habilidades sociais com pais: Efeitos sobre desempenho social e acadêmico de filhos com TDAH*. Tese de Doutoramento, Programa de Pós-Graduação em Educação Especial, Universidade Federal de São Carlos, São Carlos.

Rocha, M. M., Del Prette, Z. A. P., & Del Prette, A. (2008). Placebo na pesquisa psicológica: Algumas questões conceituais, metodológicas e éticas. *Revista Brasileira de Terapias Cognitivas, 4*, 39-55.

Rohde, L. A., Biederman, J., Busnello, E. A., Zimmermann, H., Schmitz, M., Martins, S., *et al.* (1999). ADHD in a school sample of Brazilian adolescents: A study of prevalence, comorbid conditions, and impairments. *Journal of the American Academy of Child and Adolescent Psychiatry, 38* (6), 716-723.

Silva, A. T. B., Del Prette, A., & Del Prette, Z. A. P. (2000). Relacionamento pais-filhos: Um programa de desenvolvimento interpessoal em grupo. *Psicologia Escolar e Educacional, 3*(3), 203-215.

Skinner, B. F. (1980). *Contingências de reforço: Uma análise teórica*. São Paulo: Abril Cultural. (Coleção "Os Pensadores").

Skinner, B. F. (1993). *Ciência e Comportamento Humano*. São Paulo: Martins Fontes.

Wehmeier, P. M., Schacht, A., & Barkley, R. A. (2010). Social and emotional impairment in children and adolescents with ADHD and the impact on quality of life. *The Journal of Adolescent Health, 46* (3), 209-217.